Volker Ludwig

ES IST HERRLICH ZU LEBEN

D1668901

Impressum

© Berlin Story Verlag 2023
Es ist herrlich zu Leben
Liedtexte: Volker Ludwig
Zeichnungen: Rainer Hachfeld

Umschlaggestaltung: Roland Matticzk
Printed in Germany

ISBN 978-3-95723-191-8

Volker Ludwig

ES IST HERRLICH ZU LEBEN

Berliner Lieder aus 70 Jahren
Ein Lesebuch

Mit Zeichnungen von Rainer Hachfeld

Inhalt

„Zu wissen, wofür man schreibt"
Volker Ludwig im Gesrpäch über seine Lieder   7

„Zu wissen, wofür man schreibt"

Volker Ludwig im Gespräch über seine Lieder

Von einem Liederbuch ohne Noten habe ich lange geträumt. Im berühmten „Buch der Lieder" von Heinrich Heine gibt es auch keine Noten. Es ist eine Sammlung von Gedichten. Viele davon wurden nie vertont, aber alle haben einen Rhythmus, einen spezifischen Klang, eine geheime Melodie. Deshalb „Buch der Lieder".

Auch meine Lieder sind allesamt Gedichte, die erst nachträglich vertont wurden, auch wenn manche heute Ohrwürmer sind. Ich finde, es lohnt sich, sie einfach mal als Poesie zu lesen, Zeile für Zeile, Reim für Reim, ohne störende Musik. Ich werde immer sauer, wenn meine Lieder bei jedem Viervierteltakt vom Publikum, angeheizt von hirnlosen Kindergärtnerinnen, automatisch zugeklatscht werden, damit man nur ja keinen Text versteht. Das Mitklatschen bei den „Wilmersdorfer Witwen" macht mich geradezu fassungslos.

Bei den Vertonungen muss ich meine Dichtungen ständig vor falschen Tönen und falschen Betonungen schützen und hadere gelegentlich selbst mit seelenverwandten Komponisten wie Birger Heymann, Thomas Zaufke, Stanley Walden oder George Kranz, wenn sie mal nicht gleich mit ihrer Einfühlsamkeit auf kongeniale Melodien kommen, die mich einfach glücklich machen, und das ist zum Glück die Regel.

In dieser Auswahl finden sich neben bekannten Kinderliedern und „Linie 1"– Songs auch Schlager, Chansons, Liebeslieder, Couplets und Balladen. Denn bevor ich mit Kindertheater anfing, hatte ich schon zehn Jahre lang als politischer Kabarett-Texter gearbeitet und mein Geld mit Unterhaltung verdient. Da habe ich mein Handwerk gelernt. Jede wahre Kunst setzt neben Inspiration und Musenküssen höchstes handwerkliches Können voraus. „10% Talent und 90% Hosenboden", hat mir mein Vater Eckart Hachfeld immer wieder eingebleut. Von ihm hab ich am meisten gelernt. Er war der meistbeschäftigte Kabarett-Autor seiner Zeit, schrieb 25 Drehbücher und 38 Jahre lang jede Woche den satirischen 16zeiler „Amadeus geht durchs Land für den „Stern", den ich schon als Abiturient manchmal für ihn schreiben durfte. Für Udo Jürgens schrieb er „Aber bitte mit Sahne". Er war der genialste Reim-Spezialist, den ich kenne, gleich nach Wilhelm Busch, dessen „Max und Moritz" ich auswendig konnte. Reimen war schon als Kind mein Hobby. Ich liebte Werbesprüche und die witzigen Schlager Anfang der 50er Jahre („Ich fahr mit meiner Lisa/ zum schiefen Turm von Pisa").

Natürlich sind das alles Berliner Lieder. Sie sind in Berlin entstanden, handeln von Berlin den Seelenzuständen Berliner Kinder, Halbstarker, Verliebter und Greise. Sie sind ohne Berlin undenkbar. Seit über 70 Jahren bin ich Berliner mit Leib und Seele. Den Krieg und die ersten Nachkriegsjahre hab ich in Thüringen verbracht, dann fünf Jahre fremdelnd im ungeliebten Hamburg. Ständig hab ich von Berlin geträumt, die Berlin-Schnulzen der Blockadezeit geliebt (Bulli Buhlans „Lieber Leierkastenmann"), Kästners „Emil" und „Pünktchen" verschlungen, bis plötzlich, Ende 1952, das Wunder geschah, der schönste Tag meines Lebens: Der Umzug nach Berlin! Mein Vater hatte sich mit Wolfgang Neuss, für den er bis 1956 alle Texte schrieb, und anderen Kabarettisten in Berlin niedergelassen, und ich fühlte mich vom ersten Tag an zuhause, sog die Luft, die Stimmung, den kreativen Jargon, die immer neuen Sprüche ein und fing an zu berlinern.

Mit 14 Jahren wollte ich Pfarrer werden, mit 16 Dichter. Ich wartete auf Eingebungen von oben, aber da kam nichts. Ich quälte mich auf der Suche nach Ideen und konzentrierte mich neben dem Germanistik-Studium auf Aufträge. Als Hänschen Rosenthals Wunderkind schrieb ich an die hundert Gedichte und Songs für seine monatliche „Rückblende" im RIAS, Moderationen für „Werner Müllers Schlagermagazin", Unmengen Fernseh-Unterhaltung und machte richtig viel Geld, aber die nächtliche Schufterei wurde zunehmend zur Qual, und der Pfarrer in mir negierte den Wert meiner ganzen Schreiberei.

Ich war unglücklich. Das änderte sich schlagartig, als ich 1965 mit Anderen das „Reichskabarett" gründete und Studenten vom Dutschke-Flügel des SDS kennenlernte, vor allem meinen Freund Detlef Michel, damals 19, und mich zum glühenden Anhänger der Studentenrevolte wandelte, obwohl ich längst aus der Uni raus war. Das gab meinem Leben zum zweiten Mal einen neuen Sinn. Nie wieder musste ich krampfhaft nach irgendwelchen Ideen suchen. Ich wusste auf einmal, worauf es beim Dichten wirkich ankam: Zu wissen, wofür man schreibt. Das Tolle am Kabarett war ja, dass man alles, was man auf der Seele hatte, direkt auf die Bühne bringen konnte.

So wurde das Reichskabarett zur legendären linksradikalen satirischen Stimme der Berliner Studentenbewegung. Ich schaute dem Volk aufs Maul mit der Gewissheit, dass die Welt veränderbar ist, und nutzte das Handwerk, das ich mir im spießigen Mainstream erworben hatte, als subversive Waffe im Kampf um Gerechtigkeit. Das änderte sich auch nicht, als ich vom Kabarett zum Kindertheater wechselte. Die Kinder waren eine unterdrückte Klasse, und ich stellte mich solidarisch an ihre Seite. Es erwies sich, dass ich mich in Kinder einfühlen kann. Zum Erziehen dagegen bin ich völlig unfähig...

Als Erfinder des realistischen Kindertheaters war ich bald gesuchter Songschreiber aller plötzlich gegründeter progressiven Kinder-Fernsehserien. Sesamstraße, Rappelkiste, Spielmobil, Hals über Kopf – mit „Wer nicht fragt bleibt dumm", „Ene mene Miste" und „Oh Schreck oh Schreck / Das Kind ist weg" war ich immer dabei. Für die Sesamstraße übersetzte ich nicht nur „Im Garten eines Kraken" und „Quietsche-Entchen", sondern schrieb auch eine Menge neuer Songs, die Jahre später in GRIPS-Stücken wieder auftauchen. „Mattscheib-Milli" gab es lange vor „Max und Milli". Auch die Songs zu „Linie 1" waren alle schon vor dem Stück da.

Das berühmte „Hey du", Marias Lied, hat mich erst zu der Figur der Maria inspiriert wie „Es ist herrlich zu leben" zu der Figur Hermanns und „Tag ich hasse dich" zur Figur der Lady.

So erfolgreich ich als Stückeschreiber mit 2000 Inszenierungen in 40 Sprachen war – Stückeschreiben war immer eine Quälerei für mich, weshalb ich auch die Mehrzahl zu zweit geschrieben habe. Glücklich bin ich dagegen immer, wenn ich Lieder schreiben kann. Da darf man guten Gewissens stundenlang an ein, zwei Zeilen herumpuzzeln. Ich weiß, dass es im platonischen Himmel für jede Zeile den idealen Reim gibt. Man muss ihn nur finden.

Das Liederschreiben ist meine große Liebe. Ich hoffe, diese kleine Auswahl macht den Lesern so viel Spaß, wie ich beim Schreiben hatte...

Gesprächspartner: Wieland Giebel

1 SOMMER IN DER STADT

SECHS UHR VIERZEHN BAHNHOF ZOO

Sechs Uhr vierzehn Bahnhof Zoo
Der Zug rollt ein
Die Bremsen schrei'n
Der Tag ist taufrisch
Der Himmel blau mit Sahne
Die Sonne piekst mir ins Gesicht
Ich kneif mich ganz fest in den Arm:
Ich bin in Berlin !

>Ich spür 's wie Fieber
>Jetzt bin ich am Ziel
>Ich schnapp gleich über
>Mann is das 'n Gefühl:
>Früh am Morgen
>In einer fremden Stadt

Sechs Uhr fünfzehn Bahnhof Zoo
Ich steh und atme
ganz tief ein
Es riecht nach Großstadt
Nach Ruß und Abenteuer
Nach Kino Weltkrieg und Benzin
Schicksal und Pisse
Wahnsinn das isse:
Die Luft von Berlin!

>Ich spür's wie Fieber
>Jetzt bin ich am Ziel
>Ich schnapp gleich über
>Mann is das 'n Gefühl:
>Früh am Morgen
>In einer fremden Stadt

SOMMER IN DER STADT

Sommer in der Stadt
Wohl dem, der heute keine Arbeit hat
Die Nacht zerrinnt und kühlt nicht mehr
Und aus dem Gulli stinkt es sehr

> Auf jedem Rasenfleck
> Schmeißt irgendeiner seine Sachen weg
> Das Bier am Morgen kommt nicht gut
> Die Hitze lähmt die Liebesglut
> Die Alte kreischt, er haut zurück
> Oh holdes Glück

Sommer in der Stadt
Wohl dem, der seinen Kopf im Wasser hat
Die Straßenbäume werden braun
Und im Oktober abgehaun

> Die Luft ist schwül und heiß
> Ein Hauch von Lindenduft und Achselschweiß
> Verliebte Tauben ohne Zahl
> Und tote Ratten im Kanal
> Versyphter Müll am Uferrand
> Mein Palmenstrand

Sommer in der Stadt
Wohl dem, der seinen kleinen Schatten hat
Entblößte Haut, wohin man schaut
Ein Minirock, dass einem graut

> Bewegung wird zur Qual
> Der Lauf der Welt ist dir total egal
> Petunien pinkeln vom Balkon
> Senioren röcheln im Ozon
> Der Bus braucht eine Ewigkeit
> Das Meer ist weit

BREITSCHEIDPLATZ

Auf'm Breitscheidplatz
In Westberlin
Zwischen Kudamm, Zoo
Und Tauentzien
Heben Typen aller Rassen
Auf den Treppen ihre Tassen
Fangen Rentner an zu schrei 'n
Kriegen Kinder eine rein
Bilden Bayern eine Gruppe
Bitten Penner umme Fluppe
Und ein Mops
Geht hops
Im Wasserklops

      Breitscheidplatz, Breitscheidplatz
      Hütchenspieler, Bullenhatz
      Schlechte Laune, Sauerkraut
      Wer nicht aufpasst, wird beklaut
      Breitscheidplatz, Breitscheidplatz
      Busverspätung, Handyschwatz
      Weinbrandleiche, Roma-Kind
      Um die Kirche pfeift der Wind

Auf'm Breitscheidplatz
In Westberlin
Zwischen Kudamm, Zoo
Und Tauentzien
Gibt's nix Grünes außer Rotze
Nix zum Rutschen außer Kotze
Wird geskatet und geknipst
Wird getrommelt und geschnipst
Ist die ganze Welt zur Stelle
China, Britz, Peru und Celle
Und Frau Schick
Wird dick
Im Möwenpick

Breitscheidplatz, Breitscheidplatz
Glockenläuten mit Rabatz
Hetze Hetze Dauerlauf
Nike, Reebok, Schlussverkauf
Breitscheidplatz, Breitscheidplatz
Leierkasten, Blues und Jazz
Demo Stau und Stoßverkehr
Herz was willst du mehr?

WESTBERLIN – LIED

Berlin
Du einzige Stadt auf der Welt
Wo in allen Richtungen Osten ist
Die Sonne also nie untergeht
Sondern immer nur auf

> Darum, du Sonnenaufgangsstadt
> Solang die Zwangsneurose blüht
> Sing ich dein Lied, Berlin
> Sing ich dein Lied

Du Parasiten-Paradies
Aus Subvention und Abschreibkies
Du Fixertrip, du Rentnerberg
Du Dauerfurz, du Mauerwerk
Du Türkensee in Taubenkack
Touristennepp für Wessipack
Du Filzgeflecht, du Nazimüll
Kaninchen- und Köter- und Bullen-Idyll

> Von Stöhneberg bis Stempelhof
> Von Krankwitz bis Morbit
> Sing ich dein Lied, Berlin
> Sing ich dein Lied

Du Lummerschlamm, du Preußenschlumpf
Studentenhalde, Müslisumpf
Du Springerburg, du Tantenmuff
Versyphter Spekulantenpuff
Du Whopper, du Provinzpipi
Du Schulabgänger-Deponie
Du Gruft, du Kraftwerk-Reuter-Pest
Du Selbstmordherd, Synchronsprechernest
Du Schnulzenschleim, du Nervenqual
Du – Stadt von Hänschen Rosenthal

> Mit dem Fuß in Hundescheiße
> Mit dem Kopf im Dioxid
> Sing ich dein Lied, Berlin
> Sing ich dein Lied

FAHR MAL WIEDER U-BAHN

Fahr mal wieder U-Bahn
Tu dir mal was Gutes an
Fahr mal wieder U-Bahn
Tu dir mal was Gutes an

> Sparste Fernsehn, taz und FAZ
> Kino, Peepshow, Zoo und Knast
> Kitschroman und Geisterbahn
> Fahr mal wieder U-Bahn
> Subway dream und Metro-Flair
> Charing Cross und Leicester Square
> Montparnasse, Vincennes – Neuilly
> Bleeker Street and Bowery

Fahr mal wieder U-Bahn
Tu dir mal was Gutes an
Fahr mal wieder U-Bahn
Schau dir mal die Menschen an

> Pendler zwischen Frust und Hölle
> Mief und Kälte, Suff und Zelle
> Arbeitsamt, Asyl und Gashahn
> Fahr mal wieder U-Bahn
> Da ahnste, wie das Leben ist
> Wenn Sehnsucht das Gehirn zerfrisst
> Wenn Hoffnung Zahlenlotto heißt
> Und jeder Traum um Rache kreist

Fahr mal wieder U-Bahn
Schau dir mal die Menschen an
Fahr mal wieder U-Bahn
Und du kriegst die Wut, Mann!

> Wenn wieder wer von „Aufschwung" sülzt
> „Vertrauen", „Glück" und „Wohlstand" rülpst
> Auf Wachstum und auf Zukunft schwört
> Und nie im Leben U-Bahn fährt –
> Den Rathaus-, Puff-, Betonverein
> Den Schmierenfilz, den Wendeschleim
> Scheißt die ganze Blase zu, Mann
> Und fahrt lieber U-Bahn

BERLIN GEHT BADEN

Berlin geht baden, das ist schön
Man kann es baden gehen sehn
Das Wasser steht ihm bis zum Hals
Doch es kann schwimmen allenfalls

> Aus China kommen Care-Pakete
> Der Hausmüll wird nicht mehr getrennt
> Vorm Reichstag gibt's Gemüsebeete
> Für tote Ratten gibt's fünf Cent
> Die Straßenbahn hüpft aus den Gleisen
> Kein Mensch sitzt drinnen bei den Preisen
> Wer jetzt kein Haus hat, sucht das Weite
> Berlin ist pleite

Berlin geht baden, das ist fein
Bis an die Waden sinkt es ein
Hat Filz und Matsch und Scheiß am Bein
Jetzt macht es Platsch, denn Spaß muss sein

> Museen und Opern sind geschlossen
> Theater stürzen einfach ein
> Auf reiche Leute wird geschossen
> Nach Dahlem kommste nicht mehr rein
> Vom Kudamm bis zur Tauentzien
> Staut sich der Müll bis zu den Knien
> Um neun liegt jeder in der Falle
> Berlin ist alle

Berlin geht baden, wie famos
Am seid 'nen Faden hängt sein Los
Es hampelt noch und strampelt sehr
Im Schuldenloch, im Zinsenmeer

Strom gibt's nur zwischen sechs und sieben
Wasser gibt's von acht bis zehn
Auf jedem Friedhof pflanzt man Rüben
Die wachsen da besonders schön
Die Ziegel fallen von den Dächern
Auf Autowracks in tiefen Löchern
Wer Großstadt liebt, zieht nach Hannover
Berlin ist over

CAFÉ MITTE

Wenn es Nacht wird in Berlin
Und du weißt noch nicht wohin
Lenk deine Schritte
Ins Café Mitte
Bist du nur noch unterwegs
Geht dir alles auf den Keks
Dann mach Visite
Im Café Mitte

> Café Mitte
> Wo der Seele Tröstung winkt
> Café Mitte
> Wo der Flur nach Kotze stinkt
> Wo des Volkes Stimme lallt
> Wo man immer nur bezahlt
> Und sich fragt, gedankenschwer:
> Warum gehste bloß hierher
> Ins Café Mitte?

Wenn dir vor zu Hause graut
Dir das Nichts ins Auge schaut
Lenk deine Schritte
Ins Café Mitte
Wenn der Blues sich auf dich legt
Wenn die Kälte dich erschlägt
Dann mach Visite
Im Café Mitte

Café Mitte
Wo man nie alleine ist
Café Mitte
Wo man Bier in Strömen pisst
Wo die Zeit im Rausch vergeht
Wo der Tod am Tresen steht
Wo gelacht wird und gegrölt
Und gejammert und genölt

Café Mitte
Du Höhle der Vergangenheit
Café Mitte
Du Hölle meiner Einsamkeit
Café Mitte
Du süßer Trost im Eheknies
Café Mitte
Du kleines Kokser-Paradies
Café Mitte
Du Hühnerauge im Orkan
Café Mitte
Podest für jeden Größenwahn
Café Mitte
Mein kleiner Wartesaal zum Tod
Café Mitte
Oh du mein leckes Rettungsboot

KOMM INS GRIPS THEATER

Wenn alles sinnlos erscheint
Ein Land nach dem andern sich bräunt
Feigheit und Hetze regier'n
Und Raffgier und Bosheit florier'n
Und du willst nicht mehr leben und hast alles satt
Vertraue mir, folg meinem Rat:

> Komm ins Grips Theater
> Da kriegst du wieder Mut
> Komm ins Grips Theater
> Da wird alles wieder gut
> Nirgends spürst du so wie hier
> Andern geht's genau wie dir
> Es macht heiter, es macht Sinn
> Und spielt immer in Berlin

> Komm ins Grips Theater
> Wo dein Platz, Genosse, ist
> Komm ins Grips Theater
> Wo du nie alleine bist
> Wo man spielt und nicht performt
> Mit Gefühl und nicht genormt
> Streck den Mittelfinger raus
> Lach dich weg und heul dich aus

Wenn es dir wieder mal reicht
Weil Hass die Gehirne verseucht
Schon Kids jede Hoffnung verlier'n
Weil Putin und Fake-News regier'n
Versink nicht in Schwermut, spring nicht vom Dach
Vertraue mir, folge mir nach:

Komm ins Grips Theater
Denn da spielt die Musik
Komm ins Grips Theater
Das öffnet dir den Blick
Macht dich reich für wenig Geld
Wird geliebt in aller Welt
Schenkt dir Freude, gibt dir Halt
Und wird hundert Jahre alt

Komm ins Grips Theater
Wo das Böse unterliegt
Komm ins Grips Theater
Wo stets das Gute siegt
Wo bei Nacht die Sonne scheint
Wo gelacht wird und geweint
Und getrampelt und getobt
Und der Widerstand geprobt

ES IST HERRLICH ZU LEBEN

Eine Nacht wie Hölle
Du liegst starr bis ins Herz
Und denkst: Nu is Sense
Da! Ein rasender Schmerz!
Ein Stich in der Lunge!
Ein Reißen! Ein Krampf!
Ja, der Körper lässt grüßen!
Also auf in den Kampf!

Millimeter um Millimeter
Und Stück für Stück
Jeder Strumpf ein Triumph!
Jeder Ärmel ein Sieg!
Die Treppen bezwungen!
Dem Sozialamt getrotzt
und dem Klassenfeind noch einmal
In die Fresse gerotzt!

 Es ist herrlich zu leben
 Mein Kind
 Es ist herrlich zu leben
 Wenn ein Tag neu beginnt
 Das Herz will zerspringen, die Seele verglühn
 Wenn am Görlitzer Bahnhof die Linden blühn
 Und über die Mauer die Möwen ziehn
 Es ist herrlich zu leben
 In Berlin

Solange der Jrips
Noch 'n Witz rejistriert
Die Neese noch schnuppert
Und een Ooge noch pliert
Solang ick noch japsen kann
Krauchen und stehn
Sag ick jedem, der 's nich hörn will:
Mensch det Leben is schön!

Jeder Duft macht mir Laune
Jedet kleenste Jeräusch
Det Rattern der U-Bahn
Jedet Kinderjekreisch
Jeder Schritt uff die Straße
Jeder freundliche Blick
Und ein Lächeln, das mir gilt:
Weeßte, das ist das Glück!

Es ist herrlich zu leben
Mein Kind
Es ist herrlich zu leben
Wenn ein Tag neu beginnt
Das Herz will zerspringen, die Seele verglühn
Wenn am Görlitzer Bahnhof die Linden blühn
Und über die Mauer die Möwen ziehn
Es ist herrlich zu leben
In Berlin

SOMMERNACHT

Luschen, habt ihr keine Betten?
Die Nacht macht schlappt, der Morgen graut
Die Welt ist heute eh nicht mehr zu retten
Und über Kreuzberg geht die Sonne auf

Luschen, ab in eure Betten!
Wer pennt, ist gut, weil er nichts Böses tut
Ich blas euch den Marsch, bewegt euren Arsch
Sonst kriegt ihr eine auf den Hut

Luschen, habt ihr keine Betten?
Die Nacht macht schlapp, der Morgen graut
Die Welt ist heute eh nicht mehr zu retten
Und über Kreuzberg geht die Sonne auf

2 ICH BIN EIN BERLINER

WIR MAUERBLÜMCHEN

(1962, Melodie: Beethoven 7. Sinfonie, 2.Satz)

Ach wie erblühte
Unser Gemüte
Seit Ulbricht uns die
Mauer gebaut
Eigene Sünden
Gänzlich verschwinden
Wenn man nur still zur
Schandmauer schaut

Sehet die Mauer
Inbegriff aller Trauer
Ach der Beschauer
Kauft sich gerührt
Stoffbär in Nötchen
Winkend mit Pfötchen
In Stacheldrähtchen
Fotografiert

Traute Symbölchen
Hoch vom Konsölchen
Treudeutscher Seelchen
Ostwärts geschwenkt
Bäumchen mit Lichtern
Träumchen von Dichtern
Weh dem, der nüchtern
Weh dem, der denkt

Ach wie unsäglich
Trostreich, dass täglich
Einer der Großen
Ein Podium besteigt
Wo er in guten
Zwei, drei Minuten
Machtvollem Abscheu
Ausdruck verleiht

Reißt auch manch Drücke-
Berger 'ne Lücke
Bleibt doch zurücke
In dieser Stadt
Hart wie ein Seemann
Mutig Herr Lehmann
Weil er sein Haus in
München schon hat

GEGENÜBER

Du sitzt mir gegenüber
Und schaust an mir vorbei
Ich seh dich jeden Morgen
Und manchmal auch um drei
Du bist mir mal sympathisch
Und manchmal eine Qual
Aber meistens egal
Total egal

Du sitzt mir jede Woche
Eine Stunde vis-a-vis
Mit unbewegter Miene
Und wackelst mit dem Knie
Wer weiß, wo du beschäftigt bist
Fabrik, Büro, Lokal
Mir isses egal
Total egal

„Ich stell mir deine Titten vor"
„Du singst vielleicht im Männerchor"
„Vielleicht bist du ne alte Sau"
„Vielleicht verdrischst du deine Frau"
„Vielleicht bist du verrückt nach mir"
„Ich hab im Traum gefickt mit dir"
„Vielleicht bist du schon lang allein"
„Vielleicht kannst du ganz zärtlich sein"

„Ich nenn dich einfach Waldemar"
„Dein Wackelarsch ist wunderbar"
„Du bist bestimmt ein dummer Hund"
„Du riechst wahrscheinlich aus dem Mund"
„Ich sehe dich in schwarzen Straps"
„Ich putz dich weg mit einem Haps"
„Vielleicht findst du mich lächerlich"
„Vielleicht wär ich der Traum für dich"

Du sitzt mir gegenüber
Und schaust an mir vorbei
Ich seh dich jeden Morgen
Und manchmal auch um drei
Du bist'n Stückchen U-Bahn
Du bist mir scheißegal
Und bleibst du einmal weg,
Ich glaub, Ich merk's nicht mal

Wie schade, wie schade
Wie schade....

WILMERSDORFER WITWEN

Wir sind die Diademe
Der Reichshauptstadt Berlin
Die Butterkrem der Creme
Die Queens der Tautentzien
Vom KuDamm bis zum KaDeWe
Sind wir die Sahne im Cafe
Wie vor fünfzig Jahren
Tiri tiri tirallala
Wie vor fünfzig Jahren
Terem terem terem

Unsre Gatten hatten hohe Posten
In Wehrmacht, Staat, Justiz
Der Staat lässt sich 's was kosten
Übers Grab hinaus - man sieht 's
Drum kämpfen wir in ihrem Sinn
Für Sauberkeit und Disziplin
Wie vor fünfzig Jahren
Augenrechts Augenlinks und zack und stehn
Wie vor fünfzig Jahren
Terää terää terää

> Ja wir Wilmersdorfer Witwen
> Verteidigen Berlin
> Sonst wär'n wir längst schon russisch
> Chaotisch – und grün
> Was nach uns kommt ist Schiete
> Denn wir sind die Elite
> Wir Wilmersdorfer Witwen
> Wir Wilmersdorfer Witwen!

Berlin erstickt vor Türken
Und Asylantenpack
Nur eins kann da noch wirken:
Knüppel aus dem Sack!
Mit Gott und Diepgen im Verein
Wird unsre Stadt bald sauber sein
Wie vor fünfzig Jahren
Schnedereng schnedereng
Schnederengtengteng
Wie vor fünfzig Jahren
Terää terää terää

Alte Tugenden beginnen
Bei der Jugend neu zu blühn:
Beizeiten sich zu krümmen
In strebendem Bemühn!
So fügsam sind sie, rein und klar
Geschniegelt und mit kurzem Haar
Wie vor fünfzig Jahren
Schnedereng schnedereng
Schnederengtengteng
Wie vor fünfzig Jahren
Terää terää terää

> Ja wir Wilmersdorfer Witwen
> Verteidigen Berlin
> Sonst wär'n wir längst schon russisch
> Chaotisch – und grün
> Was nach uns kommt ist Schiete
> Denn wir sind die Elite
> Wir Wilmersdorfer Witwen
> Wir Wilmersdorfer Witwen
> Wir Zehlendorfer, Dahlemer
> Charlottenburger, Steglitzer
> Wir Lichterfelder, Grunewalder
> Wilmersdorfer Witwen!

DER PLAKATKLEBER

Wenn ich am Abend nach Hause geh
Und meine Plakate so kleben seh:
Die junge Rama bringt Glück ins Haus
Mit Strahler kommst du bei Männern groß raus
Rauch Stuyvesant, dann bist du klasse
Wie 'n Jungmillionär auf 'ner Luxusbarkasse
Du brauchst nur Pepsi, um jung zu sein
Nimm Deo, dann stellt die Liebe sich ein! –
Die Sehnsucht nach Liebe und Schönheit und Glück
Die nutzen se aus, ein ganz fieser Trick
Ich kauf mir das Zeug, guck in 'n Spiegel dann rin
Ob ich glücklicher, jünger und schöner nu bin
Und schneid mir 'ne Fratze und sage: oh Mann –
Den Plakatkleber schmiert keiner mehr an!

Da gibt es doch Leute, die sagen dir glatt,
dass jeder die gleichen Chancen hat!
Wenn du Schuhputzer bist und schuftest ganz schwer,
Wer weiß, eines Tags biste Mihillionär!
Natürlich, so etwas gab es schon!
Doch die Chance hat einer von einer Million!
Der eine hat viel Geld, er braucht nur zur Bank
Der andre spielt Lotto sein Leben lang
Die Kinder der Feinen studieren fast immer
Die andern ham nicht mal ein eigenes Zimmer
Denn gleiche Chancen, die gab es noch nie
Und wer daran glaubt, es gäbe sie
Der ist dann am Ende viel übler dran
Nee: den Plakatkleber schmiert keiner mehr an!

Ihr kennt doch alle das schöne Lied:
Ein jeder ist seines Glückes Schmied!
Der Spruch ist ja nun wohl der größte Stuss
Wie jeder, der Grips hat, mitkriegen muss
Schon ehe du schmiedest, hat man dich beschummelt
Und an deinem Glück ganz schön rumgefummelt
Wenn du trotzdem fest zupackst und schuftest wie 'n Schwein
Haste gar keine Zeit mehr zum Glücklichsein!
Was du mitbringst, wo du herkommst, allein das ist wichtig!
Da gibt 's nämlich Leute, die schmieden ganz tüchtig
An IHREM Glück, weil sie die Hämmer besitzen!
Für deren Glück können die anderen schwitzen!
Doch wer sagt denn, dass man das nicht ändern kann?
Jaa! Den Plakatkleber schmiert keiner mehr an!

DER BADEMEISTER

Der Bademeister ist stets im Gefecht
Für Sicherheit, Sauberkeit, Ordnung und Recht
Die Welt ist voll Chaos, Gefahr und Gewalt
Doch hier regiert Ordnung, denn er ist der Halt
Kein Beruf auf der Welt ist erhabenerr
Als Bademeister, als Bademeisterr

Der Bademeister ist Richter und Gott
Er riecht jeden Frevel und jedes Komplott
Bei allen Nationen genießt er Respekt
Denn wie sagt Freund Özgüc? „Der Typ ist korrekt!"
Alle Menschen sind Brüder, und wer ist der Herr?
Der Bademeister, der Bademeisterr

Den Bademeister hat jedermann gern
Denn rau ist die Schale, doch weich ist der Kern
Die Mütter und Bräute umschwärmen ihn heiß
Der Halbgott in Weiß gerät niemals in Schweiß
Ja wer hat den gebräuntesten Luxuskörperr?
Der Bademeister, der Bademeisterr!

DER FERNFAHRER

Ich bin der Titan von der Autobahn
Fahr mit irrem Zahn meinen Kahn wie im Tran
Sag stoi über Pneu und Benzingebräu
Und freu mich, wenn ich Boys vom Konvoi verbleu
Ahoi

Die Straßenschlacht geht von acht bis acht
Um Mitternacht wird noch Fracht gemacht
Ein blondes Chassis namens Melanie
Kriegt grade noch auf meinem linken Knie Logis
Halali

Wenn ich merk, hinten ärgert sich ein stärkerer Zwerg
Mach ich mich ans Werk und überhole am Berg
So manches Schaf träumt den ewigen Schlaf
Das nicht brav war und zur Strafe 'n Telegraphmast traf
Alaaf

Auf der Rast, wenns passt, wird fantastisch geprasst
Wird die Achslast gastlicher Damen befasst
Im Morgengrau treff ich Frau um Frau
Der ich rauh in die Augen und den Ausschnitt schau
Helau

Wenn Du einsam bangst, mit der Welt dich zankst
Denk an uns, denk ans Kino, denk an „Lohn der Angst"
Wir sind die proletarische Sexarmee
Und enden wie die Rehe als Gelee im Schnee
Olé!

POLITIKER JAMMERN

Als schnittiger igittiger Politiker
Bist du der Buhmann, das Arschloch der Nation
Und noch als knittriger und zittriger Arthritiker
Giltst du als Lügensau und erntest nichts als Hohn

Wir stehn im Ansehn noch unterm Straßenkehrer
Und unterm Lehrer, ja unterm Lehrer
Wir müssen tun, als wär 'n wir groß und mächtig
und sind doch Würstchen nur im Darm der Industrie

Als gütiger sanftmütiger Polütiker
Wirst du in Würfel geschnitten wie der Blitz
Und landest durchgedreht beim Analytiker
Und endest jämmerlich als peinlich schlechter Witz
Doch steckst du umgekehrt ein bißchen nur die Finger
In krumme Dinger, ja krumme Dinger
Für Ferkeleien, die sonst alle gern verzeihen
Gibt 's für Politiker im Leben kein Pardon

Als fickriger und mickriger Politicker
Hast du Komplexe, denn du wärst so gern beliebt
Jedoch der Wähler wird beim Wählen immer knickriger
Und wer nicht lügt und sülzt und schleimt, hat schon ver-
siebt

Wir retten täglich die Nation vor Katastrophen
Und sind die Doofen, trotzdem die Doofen
Ein kleines Zipfelchen vom Mantel der Geschichte
Zum einmal Naseschneuzen wär uns Lohn genug

Als schnittiger igittiger Politiker
Bist du saniert, drum stehn wir alle trotzdem hier
Wir fürchten keine Wahl und keine Kritiker
Denn unsre Wähler sind noch dämlicher als wir!

HALLO TRETMANN

Hallo Tretmann!
Schönes Tretwetter heute!
Hallo Tretmann!
Tretmann tritt an

Überall reintreten
Jeden Mist breittreten
Immer schön kurztreten
Zwanzigmal austreten
Hallo Tretmann!
Tretmann tritt an

Nichts tut er ungetreten
Nichts würde er vertreten
Kein Ding macht ihn betreten
Denn das Betreten
Ist untersagt

Hallo Tretmann!
Alte Tretschwester!
Lüpf deinen Trittfang, dein Tretgesäß
Das tritt sich gut

Hallo Tretmann
Lasset uns treten
Nur wer sich selber tritt
Den tritt auch Gott

Hallo Tretmann
Trittbrett vorm Kopf
Tritt die letzte Reise an
Wenn er nicht mehr treten kann
Tritt er einfach ab

DER AGENT

Es gibt so schrecklich peinliche Berufe
Wie General, Psychiater, Rezensent
Doch auf der tiefsten Frust- und Ekelstufe
Steht allemal der Spitzel, der Agent

Man nennt uns Spitzel, U-Boot oder Ratte
Wir laufen krumm und haben kein Gesicht
Wir seh 'n nur Dunst, wir greifen nur in Watte
Und wissen nie, was stimmt, wenn einer spricht

    Agentenlos –
    In Ritzen zu sitzen
    In Schlitzen zu schwitzen
    Agentenlos –
    Die Ohren zu spitzen
    Besonders bei Witzen
    Agentenlos –
    Zu horchen, zu stieren
    Und nischt zu kapieren
    Denn die Gedanken, die sind frei
    Und der Agent steht blöd dabei

Wir recherchieren, wir sortieren und wir sieben
Mit Fleiß und Sorgfalt, minutiös und wahr
Jedoch der Mensch, gehorchend seinen Trieben
Bleibt dubios und unberechenbar

Wir machen täglich dreizehn Überstunden
Wo andere fühlen, hegen wir Verdacht
Vor Langeweile wechseln wir die Kunden
Was wieder doppelt Arbeit macht

Agentenlos –
Hinaus sich zu stehlen
Zuhaus nichts erzählen
Agentenlos –
Sich wartend zu betten
In harten Klosetten
Agentenlos –
In Daten zu waten
Und doch nur zu raten
Denn die Gedanken, die sind frei
Und der Agent steht blöd dabei

Drum unser Rat: werd ' lieber Fliesenleger
Oder ein subversives Element
Werd ' lieber Penner, Volksvertreter, Kammerjäger
Doch werde niemals niemals nicht Agent

DER RENTNERHASSER-SONG

Früher war die Jugend eher unbeschwert
Heute ist das leider umgekehrt
Heut 'schleppt schon das Kleinkind – neben seinem Nuckel –
'N sechzigjähr 'gen Fettsack mit rum auf seinem Buckel
Und jeder Teenie hat statt eines Schals
Einen zentnerschweren Mitesser am Hals

> Das ist die Rentnerpest
> Die uns die Kohle aus den Rippen presst
> Das ist die Rentnerpest
> Die uns nur kotzen lässt

Schlimmer als die hundert Milliardäre
Schröpfen uns die zwei Millionen Pensionäre
Schon als Sesselpuper war 'n sie immer Klassenbester
Heute sind sie Nummer Eins als Luftverpester

Die höchstbezahlten Pauker dieser Welt
Verjubeln unsern letzten Euro Haushaltsgeld
Erschöpft von hundertachtzig freien Tagen pro Jahr
Als Frühpensionäre auf Ibiza

> Das ist die Rentnerpest
> Die uns nie wieder aus den Klauen lässt
> Ja, ja die Rentnerpest
> Gibt unserer Zukunft den Rest

Rentner sind die Plage des Jahrhunderts
Rentner werden stündlich mehr – wen wundert 's
Rentner wählen alle CDU
Rentner schau 'n dir höhnisch beim Geldverdienen zu
Rentner machen gern auf krank und schlafen
Meistens in Computertomographen
Rentner haben schwabbelige Leiber
Rentner lieben Carolin Reiber

Rentner sind Tablettenprasser
Rentner saufen Kölnisch Wasser
Rentner lieben Hundehaufen
Rentner gehen Whiskas kaufen
Rentner zutschen mit Gebissen
Rentner sind total gerissen

Sind heimlich vermögend
Verstopfen die Gegend
Verstopfen die Züge
Und Praxen und Flüge
Verstopfen Toiletten
Und Krankenhausbetten
Fahr 'n ei 'm übers Maul
Und sind muffig und faul

Rentnerseuche
Rentnerpest
Rentnerschwemme
Rentnernest
Rentnergrauen
Rentnerschock
– – Das ist der Rentnerhasserrock

ICH BIN EIN BERLINER

Ich bin ein Berliner
Du bist ein Berliner
Ich bin ein Berlinerin
Wir sind alle aus Berlin

Ich bin Ostberliner
Ich bin Neuberliner
Ich bin ein Neuköllnerin
Wir sind alle aus Berlin

> Der Senat hat doch 'ne Meise
> Deutschberliner alles Greise
> Kleinfamilien ganz viel schnell
> Ziehen weg in Speckgürtell

> Die Berliner sterben aus
> Aber uns will schmeißen raus
> Immer wollen Weltstadt sein
> Aber Welt nicht lassen rein

Ich bin ein Berliner
Du bist ein Berliner
Ich bin ein Berlinerin
Wir sind alle aus Berlin

Ich bin Türkberliner
Du bist Thaiberliner
Ich bin Schwarzberlinerin
Wir sind alle aus Berlin

Hallo Opas, ein Moment ä
Ohne uns gibt 's keine Rentä
Deutschberliner nix Kinder
Werden immer weniger

Jeder schreit miau mio
Wo sind junge Menschen, wo?
Hilft kein Jammern, hilft kein Toben:
Die sind alle abgeschoben!

Die Berliner sterben aus
Aber uns will schmeißen raus
Immer wollen Weltstadt sein
Aber Welt nicht lassen rein

WILLKOMMEN ALIENS

Good morning Aliens
Welcome to town
Die Großstadt wird euch
Alle verdau 'n

Bei uns zu leben
Ohne Pass
Ist allerdings
Kein rechter Spaß

Vor allem fehlt es
Weit und breit
An Güte und
An Freundlichkeit

Auch Lächeln ist
Hier äußerst knapp
Wer gibt schon gern
Von sich was ab

Die, die lange vor euch kamen
Tragen heut ' Berliner Namen
Ob Franzose, Russki, Polski
Wie Fontane und Tucholsky
Rocchigiani und Safranski
Mendiburu und Spoliansky
Bisky, Gysi und Ossietzky
Adlon, Mira, Chodowiecky
Devrient, Lefèvre, Bondy
Isang Yun, Rogacki, Szondi
Karajan, Lasalle, Kempinski
Ensikat, deBruyn, Kuczyinski
Wie Geschonneck und Dzembritzki
Rutschky, Jaeggi und Kudritzki
Stroux, Radunski, die Durieux
Kollo, Schily und Lenné

Kowalski, Ossowski, Wachowiak, Ostrowski
Kaleko, Scharnowski, Pudelko, Gotzkowsky
Wapnewski, Jankowsky, Schamoni, Kempowski
Bassenge, Abramowski, Remé und die Gsovsky
Sicher sind nicht alle Engel
Manche sind auch arge Bengel
Wie der Garski, der Schabowski
Der Nawrocki, der Landowsky
Erst der Zulu, der Mongole
Macht Berlin zur Metropole
Nicht der Knüppel aus dem Sack
Und erst recht kein Bonner Pack
Ohne Dich, oh Immigrant
Wär Berlin ein Häufchen Sand
Ein Häufchen Sand

3 DIE SCHÖNSTE ZEIT IM LEBEN

KALLE KOWALEWSKI

Als ich fünf Jahr alt war
Nahm er mich mit auf Fahrt
In seinem schweren LKW
Das war stark

Wir donnern in die Welt
Zwei Meter über 'm Asphalt
Er lenkt den Riesenbrocken
Ich bin total von den Socken

In jedem Rasthaus ist er bekannt
Der große Mann an meiner Hand
    Kalle Kowalewski
    Mein Freund, der Superheld
    Kalle Kowalewski
    Der stärkste Mann der Welt

Nachts lieg ' ich hinter ihm im Kahn
Schau ' mir die schnellen Lichter an
Fauchende Ungeheuer
Und gebe Feuer

Ich weiß, gleich nach der Autobahn
Da fängt das Abenteuer an
Afrika, Urwald und Prärie
Und Gefahren gibt 's wie nie

Doch einer, den kriegt keiner klein
Und das wird Kalle am Lenkrad sein
    Kalle Kowalewski
    Mein Freund, der Superheld
    Kalle Kowalewski
    Der stärkste Mann der Welt

Doch heute ist er abgeschlafft
Irgendwas hat ihn total geschafft
Dann schaut er dich an wie 'n Autowrack
Der Kalle ist alle

Sein Leben hat er sich verbaut
Bis Afrika hat er sich nie getraut
Doch mir hat er damals den Weg gezeigt
Und ich werd ' ihn machen

Die Zeitungen bringen mich noch und noch
Und jeder sagt, klar Mann, den kennen wir doch:
    Thomas Kowalewski
    Der Held, den jeder liebt
    Thomas Kowalewski
    Der heißeste Typ, den es gibt!

ICH HAU ZURÜCK

Schon am Morgen früh um sechse
Fängt der Terror an
Da schlägt der alte Suffkopp zu
Weil er 's Bier nicht finden kann
Auf der Straße, da komm 'se dir dämlich
In der Schule ist der Terror total
Alle Meter hau 'n se dir 'n Ding vor die Glocke
Da ist dir bald alles ganz egal

> Ich hau zurück
> Ich hau zurück
> Hab ich vielleicht angefangen?
> Kein Stück!
> Da gibt 's ne Menge Nieten
> Die lassen sich alles bieten
> Doch ich sage dir: nicht mit mir!
> Junge – nicht mit mir!
> Ich hau zurück
> Ich hau zurck
> Hab 'ich vielleicht angefangen?
> Kein Stück!

Kommste runter von der Penne
Läufste voll auf 'n Hammer, aber wie!
Keine Arbeit, keine Bleibe, keine Mäuse
Doch die oben scheffeln Kohlen wie nie!
Die lassen dich glatt verrecken
Aber mach dir nix draus, oh Mann
Die Bosse woll 'n bloß eben mal checken
Was man alles mit uns machen kann!

Ich hau zurück
Ich hau zurück
Hab ich vielleicht angefangen?
Kein Stück!
Da gibt 's ne Menge Nieten
Die lassen sich alles bieten
Doch ich sage dir: nicht mit mir!
Junge – nicht mit mir!
Ich hau zurück
Ich hau zurck
Hab 'ich vielleicht angefangen?
Kein Stück!

DIE SCHÖNSTE ZEIT IM LEBEN

Meine Mutter sagt
Die Jugendzeit
Ist die schönste Zeit im Leben
Du bist hoffnungsfroh
Jung und verliebt
- das Schönste, was es gibt
Genieß diese Zeit, so gut es geht
Sie ist verdammt kurz, und dann ist es zu spät

Die schönste Zeit im Leben
Die kommt nicht von allein
Da musst du erst ein paar Mal
Aufs Kreuz gefallen sein
Musst lernen, was gespielt wird
Und wer dabei gewinnt
Wenn deine Zukunft zu Ende ist
Noch ehe sie beginnt
Denn das ist nicht das Schicksal
Und nicht der liebe Gott
Das sind die Typen mit Geld wie Heu
Die uns verrosten lassen zu Schrott

Meine Freundin sagt
Bald isses vorbei
Mit der schönsten Zeit im Leben
Wenn ich dreißig bin
Nehm ich mir 'n Strick
Und reise ab ins Glück
Die Arbeit, die Gör 'n, der Terror zu Haus -
So um zwanzig rum, glaub mir,
Ist der Ofen längst aus

Die schönste Zeit im Leben
Die war noch gar nicht dran
Die müssen wir uns nehmen
Sonst fängt sie niemals an
Die ganzen hohlen Sprüche
Von Gleichheit und Demokratie
Von Freiheit und Gerechtigkeit
Die nagelt euch ans Knie
Solang ihr Hunderttausend von uns
Glatt auf die Straße setzt
Und sagt:„Haltet 's Maul, in zehn Jahr 'n vielleicht
Gibts wieder mehr Arbeit als jetzt!"

BLEIB BEI DIR

Bleib bei dir
Lass dich nicht gehen
Wer soll dir helfen, wenn sie dich
Fallenlassen? Keep cool!
Die warten doch nur drauf,
Dass du 'n Fehler machst
Dass du abhaust in den Schnaps, in die Droge
In das Loch ohne Boden, und dann hamse dich
Mach es ihnen nicht zu leicht
Und wenn sie denken, du bist erledigt
Würg ihnen eine rein
Und verlass dich nicht
Geh nicht fort von dir
Bleib bei dir
Lass dich nicht gehn

Bleib bei dir
Lass dich nicht gehen
Wer soll dich warnen, wenn sie ihre
Kleinen Spielchen spielen? Keep cool!
Die warten doch nur drauf,
Dass du 'n Fehler machst
Dass du abhaust in den Amok, in den Filmriss
In das Loch ohne Boden, und dann hamse dich
Mach es ihnen nicht so leicht
Und wenn sie denken, sie könn' dich zertreten
Dann tritt zurück
Und verlass dich nicht
Geh nicht fort von dir
Bleib bei dir,
Lass dich nicht gehen

HUNDERTTAUSEND RATTENLÖCHER

Aus der Kleinstadtleichenenge
Aus dem Arbeitslosenmuff
Aus dem Bahnhofsrumgehänge
Aus dem Plattensiedlungssuff
Aus dem stinkereichen Westen
Aus den Beitrittskohlonien
Strömt das Beste vom Besten
Strömt die Jugend nach Berlin

Es weiß die ganze Welt
Warum 's uns hier gefällt

    Hunderttausend Rattenlöcher
    Gibt es in Berlin
    Wenn du einmal da warst
    Fährste immer wieder hin
    Hunderttausend kleine Ratten
    Bau 'n sich dort ein Nest
    Und beißen sich und knutschen sich
    Und manchmal gibt 's ein Fest

Doch das Großstadtdschungelfieber
Hat die meisten angesteckt
Pest und Seuchen greifen über
Und die Träumer sind verreckt
Du bist einsam unter Wölfen
Wenn die Menschheit auf dich scheißt
Und kein Engel kann dir helfen
Wenn die Sehnsucht dich zerreißt

Es weiß die ganze Welt
Warum 's uns hier gefällt

    Hunderttausend Rattenlöcher
    Gibt es in Berlin
    Wenn du einmal da warst
    Fährste immer wieder hin
    Hunderttausend kleine Ratten
    Bau 'n sich dort ein Nest
    Und beißen sich und knutschen sich
    Und manchmal gibt 's ein Fest

MAMA!

Mama!
Ich weiß, es ist schon ziemlich lang her, dass ich
Mama!
Mich letztes Mal gemeldet habe, was ich
Mama!
Dir alles ganz genau erklären könnte
Mama!

Mama ich bin momentan
Leider etwas knapp bei Kasse
Könntest Du mir nur für 'n Monat
So fünfhundert? Das wär ' Klasse!

Mama ich hab ' s leider eilig
Also Mama tschüss bis bald
Und denk` an die Überweisung!
Mama - - -?! Einfach aufgeknallt!

Mama!
Ich weiß, es ist schon ziemlich lang her, dass ich
Mama!
Mich letztes Mal gemeldet habe, was ich
Mama!
Dir alles ganz genau erklären könnte
Mama!

Mama ich brauch ' wieder Knete
Ich sag 's einfach so wie 's ist
Zwei, drei Hunnis würden reichen
Kriegste wieder! Hab keen ' Schiss!

Mama kann ich für 'n paar Tage
Mit ' m Kumpel bei dir penn 'n?
Koof auch immer Milch und Kaffe!
Mama - -?! Scheiß! Wat hat se denn?

Mama!
Was macht dein Herz, dein Bein,
dein Ohr, dein Rücken?
Mama!
Was macht dein Nierenstein, dein Magendrücken?
Mama!
Hast du dein Konto auch nicht angerührt?
Mama!

Mama meine blöde Bank
Macht schon wieder Schwierigkeiten
Könntest du mit einem Barscheck -?
Klar, ich kann dich auch begleiten...

Mama ich bin in der Nähe
Komm schon runter, geh schon los –
Nur das Scheckheft nicht vergessen!
Mama - -?! Was hat die bloß?

Mamaa!

OHNE LULLEN SIND WIR NULLEN

Wer ist ein Mann? Der rauchen kann!
Bis er nicht mehr krauchen kann!
Rauchen ist ätzend
Husten ist fetzend
Gesund sein kann jeder
Wir ziehn voll vom Leder
Krächz keuch ratter rassel röchel stöhn schnauf
Wahnsinn Boys! Wir sind voll geil drauf!

    Ohne Lullen sind wir Nullen
    Ohne Lullen sind wir Nullen
    Ohne Sticks – sind wir nix

Zigaretten! Wenn wir die nicht hätten!
Der Mensch braucht einen Halt, drum raucht er Ketten
Bier und Qualm sind unzertrennlich
Männlich! - Männlich!
Lippenkrebs, Lungenkrebs
Kehlkopfkrebs, Zungenkrebs
Ich bin dabei! Die Fluffe macht frei!
Meine Lunge is 'n stinkender schwarzer Brei!

    Ohne Lullen sind wir Nullen
    Ohne Lullen sind wir Nullen
    Ohne Sticks – sind wir nix

Wir atmen Benzin! Wir fressen Strychnin!
Dagegen ist ne Fluffe wie ne Kur im Tessin!
Wunderbar
Mein Katarrh!
Lutsch, zutsch, guten Rutsch
Bein ab, Sack ab, Kehlkopf futsch
Die Luftverpestung mach jeden kaputt
Ein Zug aus der Fluppe, und dir geht's wieder gut!

    Ohne Lullen sind wir Nullen
    Ohne Lullen sind wir Nullen
    Ohne Sticks – sind wir nix

ICH MÖCHTE EIN WAL SEIN

Das Ding in meiner Kehle
Das Kribbeln auf der Haut
Der Sturm in meiner Seele
Die Schmetterlinge im Bauch
Und alles was ich fühle
Wenn ich dich vor mir seh
Tut nur weh - so weh
Immer nur weh

>Ich möchte ein Wal sein
>Von der Erde verschwinden
>Mit dir in den Wassern
>Das Himmelreich finden
>Dass die Menschheit verblödet
>Die Erde verödet
>Das kann uns egal sein
>Ich möchte ein Wal sein

Die leisen heißen Schübe
Vom Wahnsinn und von Lust
Der Urknall in der Rübe
Der Stich in meiner Brust
Und alles was ich sehe
Mach ich die Augen zu
Das bist du - nur du
Immer nur du

>Ich möchte ein Wal sein
>Tag und Nacht dich umschmiegen
>In Wogen dich wiegen
>Durch den Ozean fliegen
>Wenn der letzte Mensch tot ist
>Und die Erde im Lot ist
>Wird die Freiheit total sein
>Ich möchte ein Wal sein

DICKE FETTE LIEBE

Wenn 'ne Braut gut drauf ist, lass ich alles stehn
Wir krachen aufeinander und die Welt ist schön
Wir küssen lecken fressen uns vom Kopf bis zu den Zehn'n
Und raufen rammeln vögeln, bis die Wasserhähne krähn

Doch wenn die dicke fette Liebe erwacht
Dann ist der Spaß vorbei dann ist Stress angesagt
Drum wenn die dicke fette Liebe erwacht
Dann mach 'ne Flocke! Gib Socke, ey! Sonst: Gut' Nacht!

Die große Liebe ist abartig und asozial
Tausend Frauen sehn dich an und woll 'n total
Doch du lässt sie verhungern wegen einer Braut
Die sowieso nur nervt und labert, dass sie dir nicht traut

Denn wenn die dicke fette Liebe erwacht
Werden Pläne für die Zukunft gemacht
Denn Liebe heißt in Wirklichkeit:
Schrankwand, Wüstenrot, Rentenbescheid!

>Doch ich leb heute!
>Nur heute!
>Leb ich gestern? Leb ich morgen?
>Nee: Heute!
>Der Himmel ist grau
>Aber ich bin blau
>Und ich will Spaß haben! Spaß haben!
>Right now!

Oh wenn die dicke fette Liebe erwacht
Hat dich der Staat im Handumdrehn zum Zombie gemacht
Zum Lotto-Junkie mit Scheiße im Keks
TV-versypht mit Karstadt-Aids und Vorsorgekrebs!

>Doch ich leb heute!
>Nur heute!
>Leb ich gestern? Leb ich morgen?
>Nee: Heute!
>Die Erde ist zur Sau
>Aber wir sind himmelblau
>Wir woll 'n Spaß haben! Spaß haben!
>Right now!

DER ANMACHER

Verzeihn Sie, wenn ich Sie für einen Augenblick störe:
Sie denken jetzt sicher, dass ich zu diesem fiesen Pack gehöre,
Das sich hemmungslos an jedes nette Mädchen in der U-Bahn
oder sonst wo ranmacht
Dabei wär ich der Letzte der ne Frau nur weilse irre
attraktiv ist anmacht

Denn mal angenommen auf den zweiten Blick sind wir
uns gar nicht mal so unsympathisch
Ein Lächeln dumme Sprüche ein Berühren aus Versehn und
schon läuft automatisch
Café, Spaziergang, Kino, Disco, Geknutsche vor der Tür
Bock auf Wärme Erektionen Illusionen Projektionen
Alleinsein Wein und Bier

Sieh mal angenommen nach sechs Wochen ungefähr
hat sich alles etabliert
Wir quatschen und mampfen und pennen zusammen es läuft
scheinbar wie geschmiert
Der Rausch vergeht Johnny Frust ist da der Geschmack
im Mund wird schal
Zoff um Geld Zoff um Liebe Zoff um Abwasch Zoff
um nix das ist doch ganz normal

Einer lügt einer leidet einer brüllt einer schweigt denn
Gefühle sind nun mal nie gleich
Nochn halbes Jahr zieht der Krampf sich hin falsche
Rücksicht und lauter son Zeuch
Schließlich Bruch Schluss aus Verachtung Hass so
bitterkalt, dass einem graut
Du bist hohl und tot und leer, dir gehts schlechter als
vorher und hast irre ville Zeit versaut

ICH HÄTT ' SO GERN 'NEN HIT

(1962 gesungen von Harald Juhnke)

Ich fühle mich topfit
Für meinen ersten großen Hit!

Wie die Mädchen nach der Liebe,
So verlangen meine Triebe
Und mein Haushaltsdefizit
„nur nach einem kleinen Hit"!
Alle Leute wär 'n ergriffen,
wenn sie meinen Knüller pfiffen!
Fällt es mir auch noch so schwer:
„Daylight comes und ein Hit muss her!"

Ach, ich hab ' zu meinem Kummer
Immer nur 'ne kleine Nummer;
Wenn Sie wüssten, wie ich litt
„nach eine wunderbare Hit"!
Keiner rührt bei mir die Hände!
Fünfzig Mark, Verbeugung, Ende!
Doch ich hab 's mir vorgenommen:
„Ein Hit wird kommen"!

    Ich hätt 'so gern 'nen Hit!
    Die schönste Melodie des Jahres!
    Die ganze Welt singt mit
    Wär 'das nicht etwas Wunderbares?
    Ja, die Frauen werden mich bedrängen
    Und nur an meinen Lippen hängen!
    Ich fühle mich topfit
    Für meinen ersten großen Hit!

    Für meinen ersten, für meinen großen,
    Für meinen ersten großen Superhit!

DU ALLEIN

(1966 gesungen von Gitte und René Kollo)

Wach ich oder träum ich?
Ist es wirklich wahr?
Ich schau in deine Augen
Der Wind fährt durch dein Haar
Mein Herz klopft bis zum Hals hinauf
Du kannst es sicher sehn
Oh bliebe doch die Zeit jetzt stehn

> Du allein sollst in meinem Herzen sein
> Halt es fest, es gehört nur dir allein
> All mein Sehnen, Hoffen und Verlangen
> Ist wie durch ein Wunder gestillt
> All die Einsamkeit ist nun vergangen
> All mein Wünschen erfüllt

> Du allein sollst in meinem Herzen sein
> Du allein bist mein Glück, mein Sonnenschein
> Nichts auf Erden soll uns trennen
> Denn nur du ganz allein
> Du nur du sollst mein Schicksal sein

DUETT

Bitte halt mich fest
Gib mir einen Kuss
Weil ich sonst vor Glück
Laut schreien muss

Du mein süßer Traum
Du bist wirklich wahr
Stinknormal und lieb
Und wunderbar

Hand in Hand mit dir
Renn ich durch die Stadt
Bis sie unser Glück
Begriffen hat

Ich hab so gefrorn
Ich war so allein
Ich will immer nur
Für dich da sein

4 MEINE SEELE HAT EIN LOCH

TAG ICH HASSE DICH

Ins Licht gekippt
Aus dem Schoß der Nacht
In den Tag
Der alles hässlich macht
Aus der Nacht so weich
Und ohne Zeit
Aufs Pflaster
Der Verlassenheit

Tag
Grell und obszön
Nacht
Dunkel und schön
Was ist ein Sonnenstrahl gegen das Mondlicht?
Ein Arschtritt - gegen ein Gedicht

    Tag ich hasse dich
    Tag ich scheiß auf dich
    Tag ich hasse dich
    Ich verfluche dich

Ans Licht gezerrt
Aus der Würde der Nacht
In den Tag
Der alles zur Lüge macht
In den Rinnstein geleert
Aus Wolken von Tüll
In die Ecke gekehrt
Zu Kippen und Müll

    Tag ich hasse dich
    Tag ich scheiß auf dich
    Tag ich hasse dich
    Ich verfluche dich

BERLIN IST EISEN

Berlin ist Eisen
Roh – hart – schwer – rostig und fleckig
Berlin ist Eisen
Tot – kalt – quer – rissig und dreckig
Mein Body voll Schrammen
kann dir 's beweisen:
– überall Eisen

> Kein Job ist härter
> Als Schnorren in Berlin
> Wenn nischt wie Eisenfressen
> An dir vorüberziehn
> Mit rostigen Spitzen und Phrasen
> Von Arbeitsdienst, KZ und Vergasen
> Und wat er sonst so an Fürzen lässt sausen
> Der Normalarsch aus Stempeldoof, Krankow und
> Hohenstöhngrausen!

Berlin ist Eisen
Zum Beispiel die Scheiß-Ämter
Besonders das Ausländer-, Jugend- und Sozialamt
Jetzt Amt für Ratten und Gesindel
Berlin ist Alteisen
Wo de hinkiekst Sargnägel, Hämmer, Krücken und alte Schrauben
Versiffter vergammelter rostender Schrott
– und der spielt lieber Gott!

Berlin ist Eisen
Ob Glatzen oder Polizei / Dem Nasenbein ist 's einerlei
Berlin ist Eisen
Wenn Jung und Alt 'ne Fresse ziehn / Das ist der Frühling von Berlin
Berlin ist Eisen
Das lasset uns preisen
Berlin ist Eisen
Und bald
Und bald
Und bald
Und bald
Hurra – bald bin ich 's auch!!

HERZ WAS WILLST DU MEHR

Ich steh in der Scheiße/ Ich seh kein Licht
Ober mir steht Schweinchen Schlau und kackt mir ins Gesicht
Ich steh voll im Fusel/ Schweinchen Schlau grient
Weil 's an jedem Schnapskadaver Tausende verdient
Ich häng an der Nadel/ Schweinchen macht 'n Satz
Jeder Fixer spart ihm einen ganzen Arbeitsplatz

Ich ritze mit dem Messer/ ein Lied in meine Haut
Ich bin punk/ ich bin krank/ ich bin out
    Ich hab genug zum Hassen
    Ich hab genug zum Treten
    Ich hab genug zum Kotzen
    Herz, was willst du mehr?

Ich komm heim zu Muttern/ einmal zu Silvester
Schweinchen Schlau verdrischt die Olle und bumst meine
Schwester
Ich geh mich bewerben/ Komm mir vor wie auf 'm Strich
Schweinchen Loddel Arbeitgeber sagt: Wir geben nischt!
Geh ich endlich drauf/ ist Schweinchen Schlau zur Stelle
Schickt mich auf die Welt zurück, statt in die warme Hölle

Ich reiße mit der Klinge/ ein Lied in meine Haut
Ich bin punk/ ich bin krank/ ich bin out
    Ich hab genug zum Hassen
    Ich hab genug zum Treten
    Ich hab genug zum Kotzen
    Herz was willst du mehr?

Ich kratze mit den Nägeln/ ein Lied in meine Haut
Ich bin punk/ ich bin krank/ ich bin out

UNBEKANNTES MÄDCHEN

Kennwort U-Bahn Hallesches Tor
Freitagabend gegen halb acht
Du – blondes Zaubergeschöpf –
Hast mich – traurig, dunkel – einfach angelacht
Beim Aussteigen hast du dich noch umgedreht
Es traf mich wie 'n Schlag, doch ich schaltete zu spät

 Unbekanntes Mädchen
 Warum ließ ich dich nur gehn
 Sonne meines Lebens
 Lass mich nicht im Finstern stehn
 Wunderschönes Mädchen
 Wie sehn ich mich nach dir
 Bitte ruf an
 Ganz egal wann
 Und bleib für immer bei mir

Kennwort U-Bahn Hallesches Tor
Vor einundvierzig Jahren im April
Du – blonde Zöppe, Klamotten aus Filz
Und ich – Glatze, Ausschlag, ohne Ziel
Du schenktest mir 'ne Kippe und 'n Liebesakt im Klo
Nie mehr in meinem Leben war ich so verliebt und froh

 Unbekanntes Mädchen...

Kennwort U-Bahn Hallesches Tor
Freitag vor sechs Wochen, ziemlich spät
Du - graue Strähnen – bist einfach weggerannt
Ich lag elf Jahre neben dir im Bett
Hab dir drei Kinder gemacht und diese Falten um den Mund
Natürlich niemals Komplimente, doch ist das vielleicht 'n Grund!?

 Unbekanntes Mädchen...

COOL SEIN

Sie lächeln nicht von Plakaten
Sie stehn einfach neben mir im Bus
Mit Ärschen wie Jennifer Lopez
Und Augen wie Penelope Cruz

Ich seh die Härchen auf ihren Armen
Und am Hals den Leberfleck
Ich könnte sie ganz cool was fragen
Doch ich werd rot - und dreh mich weg

> Warum kann ich nicht so cool sein wie die andern?
> Ohne Hemmung zum Ziel
> Das Leben ein Spiel
> Strahlen und protzen
> Statt dauernd zu kotzen
> Warum kann ich nicht sein, wie ich will?

Andre haben Geld wie Heu
Superjobs und dauernd frei
Sind grottenblöd und lesen Bild
Doch die Frauen sind auf sie ganz wild

Sie denken sie sind Dieter Bohlen
Und sehn aus wie Roland Koch
Ihr ganzes Leben ist eine Schablone
Eine daily soap fürs Sommerloch

> Warum kann ich nicht so cool sein wie die andern?
> Ohne Hemmung zum Ziel
> Das Leben ist ein Spiel
> Smart sein und siegen
> Statt Pickel zu kriegen
> Warum kann ich nicht sein, wie ich will?

WENN MICH MEIN VATER SUCHEN TÄT

Wenn mich mein Vater suchen tät'
Ich glaub, das wär noch nich zu spät
Vielleicht, dass er sich mächtig kränkt
Und eben jetze an mich denkt
Und dauernd übern Alex rennt
Und mich nur leider nich erkennt
Wenn mich mein Vater suchen tät

Ich seh ihn jede Nacht im Traum
Da steht er vor mir wie ein Baum
Und sagt: Hey Alter. komm nach Haus
Und lacht und streckt die Arme aus
Und ich renn los und schmeiß mich rein
Dann bin ich niemals mehr allein
Und mir wird wie im Himmel sein
Wenn mich mein Vater –

GIB MIR EIN ZEICHEN

Schau nicht so her
Komm nicht so nah ran
Lauf mir nicht nach
Fass mich nicht an
Mach keine Sprüche
Wie dass du mir traust
Gib mir nur ein Zeichen
Ob du mich durchschaust

Mach keine Szene
Gib mir kein Geld
Das ist hier kein Kino
Das ist nur die Welt
Lass dieses Lächeln
Als ob du gleich flennst
Gib mir nur ein Zeichen
Ob du mich erkennst

Halt mich nicht fest
Wart nicht auf mich
Stell keine Fragen
Mach kein Gesicht
Lass mich allein
Aber ehe du gehst
Gib mir nur ein Zeichen
Ob du mich verstehst

Schau nicht so her
Schau nicht so her
Mach keine Szene
Mach keine Szene
Halt mich nicht fest
Halt mich

MEINE ELTERN SIND GESCHIEDEN

Meine Eltern sind geschieden
Denn sie waren zu verschieden
Wozu bin ich jetzt noch wichtig,
Nirgends hin gehör ich richtig
Keine Pläne kann ich schmieden
Meine Eltern sind geschieden

Meine Eltern sind aus 'nander
Jetzt geht alles durcheinander
Immerzu woanders pennen
Kaum wird's schön, muss man sich trennen
Und ich gammle rum und wander
Meine Eltern sind aus 'nander

Meine Eltern sind geschieden
Denn sie waren zu verschieden
Beide woll 'n, dass ich sie liebe
Doch nur, wenn ich ganz viel kriege
Bin ich lieb - was denken die denn?!
Meine Eltern sind geschieden

Meine Eltern ha 'm sich über
Ihre Ehe ist hinüber
Aber vorher war 's noch schlimmer
Denn da stritten sie sich immer
Da ist mir das so fast lieber
Meine Eltern ha 'm sich über

Meine Eltern sind geschieden
Denn sie waren zu verschieden
Und ich bin zu allen hässlich
Und ich find mich selber grässlich
Ich will nett sein - aber wie denn?
Meine Eltern sind geschieden

MEINE SEELE HAT EIN LOCH

Warum habt ihr uns eigentlich geboren
Wir sehn doch jeden Tag, wie ihr uns hasst
Ihr pfeift doch drauf mit zugewachs 'nen Ohren
Was ihr für eine Welt uns hinterlasst

Unser Leben ist ein Dauerlauf ins Leere
Unsere Zukunft ist wie Pisse, die verrinnt
Unsere Zuversicht ne Glotze ohne Röhre
Und unsere Hoffnung ein Strohhalm im Wind

>Meine Seele hat ein Loch
>Kannste stopfen noch und noch
>Meine Pläne sind dahin
>Meine Träume ohne Sinn

>Meine Sehnsucht ist ein Meer
>Und ich treibe hin und her
>In mir drin ist was kaputt
>Das wird nie wieder gut

Auf der Erde gibt es nichts mehr zu entdecken
Es gibt auch keine Abenteuer mehr
Nur Massengräber, Lügen, Not und Schrecken
Da ist das mit dem Träumen etwas schwer

>Meine Seele hat ein Loch
>Kannste stopfen noch und noch
>Meine Pläne sind dahin
>Meine Träume ohne Sinn

>Meine Sehnsucht ist ein Meer
>Und ich treibe hin und her
>In mir drin ist was kaputt
>Das wird nie wieder gut

HEY DU

Hey du - hey du
Hör mir mal - hör mir mal zu
Ick will dir ma wat erzähl 'n - von mir
Det hab ick noch nie jemacht – außer bei dir
Vielleicht bringt et dir wat – ick kenn dir ja nich
Ick seh nur, wie traurig du bist

> Aber deine Trauer wird vorbei gehn
> Det weeß ick, det kann ick dir ansehn
> Bald wirste wieder stolz und glücklich sein
> Denn du bist schön, sogar schön, wenn du weinst
> Du bist schön, so schön, auch wenn du weinst

Ick war schon immer so 'n Warzenschwein
Voll Pickel und schwitzig, zu fett und zu klein
Een Trampel, halb blind, verbiestert und baff
Und ick hab ja ooch nich mal die Neunte jeschafft
Meene Mutter, die säuft – ihr jrößtet Unglück war ich
Ick hasse die so, wie die mich

> Aber deine Trauer wird vorbei gehn
> Det weeß ick, det kann ick dir ansehn
> Bald wirste wieder stolz und glücklich sein
> Denn du bist schön, sogar schön, wenn du weinst
> Du bist schön, so schön, auch wenn du weinst

Ick hab keene Omma, die 't jut mit mir meint
Keene Ratte, keen Hund, keen Freund
Meene Zukunft is 'n eklijer endloser Schacht
Voll Glibber und Modder und schwarz wie die Nacht
Wie jut, det mir manchmal so 'n Engel erscheint
Wie du – – und für mich weint

> Aber deine Trauer wird vorbei gehn
> Det weeß ick, det kann ick dir ansehn
> Bald wirste wieder stolz und glücklich sein
> Denn du bist schön, sogar schön, wenn du weinst
> Du bist schön, so schön, auch wenn du weinst

5 WIR WERDEN IMMER GRÖSSER

WIR WERDEN IMMER GRÖSSER

Wir werden immer größer
Jeden Tag ein Stück
Wir werden immer größer
Das ist ein Glück
Große bleiben gleich groß
Oder schrumpeln ein
Wir werden immer größer
Ganz von allein

Wir werden immer größer
Das merkt jedes Schaf
Wir werden immer größer
Sogar im Schlaf
Ganz egal ob 's regnet
Donnert oder schneit
Wir werden immer größer
Und auch gescheit

Wir werden immer größer
Darin sind wir stur
Wir werden immer größer
In einer Tour
Auch wenn man uns einsperrt
Oder uns verdrischt:
Wir werden immer größer
Da hilft alles nischt

MATTSCHEIBEN – MILLI

Sie hockt beim schönsten Wetter allein zuhaus
Und stiert den ganzen Tag immer gradeaus
Ihre Augen blicken milchig und ein bisschen blöd
Und sind schon fast so eckig wie ein Fernsehgerät

> Das ist Mattscheiben-Milli
> Oh Mattscheiben-Milli
> Die erst dann dann lebt
> Wenn sie vor 'm Fernseher klebt

Sie sitzt auf dem Teppich, ihr Rücken ist krumm
Ihr Mund steht offen, aber sie ist stumm
Ihr Hals ist steif, ihre Beine schlafen ein
Doch sie stiert stiert stiert in den Kasten hinein

> Mattscheiben-Milli
> Oh Mattscheiben-Milli
> Die erst dann dann lebt
> Wenn sie vor 'm Fernseher klebt

Ob Schnapsreklame, Schlager oder Nachrichtenmann,
Die Milli sieht sich alles, auch das Langweiligste an
Doch wenn die Mutter kommt und will den Kasten abdreh 'n
Schreit sie: »Mutti! Mutti! Anlassen! Ich muss das seh 'n!«

> Mattscheiben-Milli
> Oh Mattscheiben-Milli
> Die klebt vor der Röhre
> Ja die geht nicht mal auf 's Klo

Sie kann nicht mehr rennen, dazu ist sie zu krumm
Sie kann auch nicht mehr singen, dazu ist sie zu stumm
Vor den Augen hat sie andauernd so ein Flimmern
Und kann nur noch Waschmittelwerbesprüche wimmern

> Mattscheiben-Milli
> Yeah yeah yeah Mattscheiben-Milli
> Benutz mal deinen Kopf
> Und den Abschalteknopf

MANCHMAL HAB ICH WUT

Manchmal hab ich Wut
Dann muss ich was kaputt hau'n
Dann muss ich was zertreten,
Dann bin ich ganz gemein
Dann muss ich einen ärgern und kratzen
Und kneifen und dreschen und schrein
Manchmal hab ich Wut
Dann fühl ich mich allein

> Ich möchte viel lieber freundlich sein
> Doch versuchen hat gar keinen Zweck
> Denn keiner hilft mir über meine Wut drüber weg
> Denn keiner hilft mir über meine Wut drüber weg

Manchmal hab ich Wut
Denn alle sind so ungerecht
Und keiner kann mich leiden
Und keiner kann mich versteh'n
Dann find ich euch alle blöde und dämlich
Und will überhaupt keinen seh'n
Manchmal hab ich Wut,
Die will und will nicht geh'n

> Ich möchte viel lieber freundlich sein
> Doch versuchen hat gar keinen Zweck
> Denn keiner hilft mir über meine Wut drüber weg
> Denn keiner hilft mir über meine Wut drüber weg

KLEINER BAUM

Baum, Baum, kleiner Baum
Bleib' am Leben
Woll'n dir alles, was du brauchst
Gerne geben

Grün' und blühe, kleiner Baum
Wachse prächtig
Über alle Dächer weg
Groß und mächtig

Wenn du hundert Jahr' alt bist
Kannste mal erzählen
Wie blöd die Menschen heute sind
Und dich Murkel quälen

Baum, Baum, kleiner Baum
Bleib' am Leben
Schaffste 's nicht, wird's auch für uns
Keine Zukunft geben

HIMMEL ERDE LUFT UND MEER

Himmel, Erde, Luft und Meer
Sind ganz grau und stinken sehr
Wald und Wiese, Baum und Strauch
Atmen Dreck und Ruß und Rauch

Rausch nur schöner Wasserfall
Autos hört man überall
Schaut nur, wie die Blätter fall 'n
Wenn die Düsenjäger knall 'n

> Wo es schön war, ist es laut
> Und mit Abfall ganz versaut
> Bald vergehen Busch und Wald
> Aufgefressen vom Asphalt

Himmel, Erde, Luft und Meer
Sind ganz grau und stinken sehr
Obst, Gemüse, Fleisch und Fisch
Kommen giftig auf den Tisch

Walfisch, Luchs und Haselmaus
Elch und Uhu sterben aus
Bald sind Storch und Wiesel dran
Dafür wächst die Autobahn

> Wo es schön war, ist es laut
> Und mit Abfall ganz versaut
> Und wir selber sind schon matt
> Aufgefressen von der Stadt

WIR SIND KINDER EINER ERDE

Wir sind Kinder einer Erde
Die genug für alle hat
Doch zu viele haben Hunger
Und zu wenige sind satt
Einer prasst, die andern zahlen
Das war bisher immer gleich
Nur weil viele Länder arm sind
Sind die reichen Länder reich

Wir sind Kinder einer Erde
Doch es sind nicht alle frei
Denn in vielen Ländern herrschen
Militär und Polizei
Viele sitzen im Gefängnis
Angst regiert von spät bis früh
Wir sind Kinder einer Erde
Aber tun wir was für sie?

Viele Kinder fremder Länder
Sind in unsrer Stadt zuhaus
Wir sind Kinder einer Erde
Doch was machen wir daraus?
Ihre Welt ist auch die unsre
Sie ist hier und nebenan
Und wir werden sie verändern
Kommt, wir fangen bei uns an

ES IST SCHÖN ZU BETT ZU GEHN

Es ist schön, zu Bett zu gehn
Sich gewaltig auszustrecken
In die Kissen zu verstecken
Sich zu wälzen und zu drehn
Sich ein warmes Nest zu wühlen
mit Genuss und mit Gestöhn
Und von Kopf bis Fuß zu fühlen:
Es ist schön, zu Bett zu gehn
Es ist schön, zu Bett zu gehn

Es ist schön, zu Bett zu gehn
In die Decke sich zu kuscheln
Mit dem Kuscheltier zu tuscheln
Was die andern nicht verstehn
Sich was Schönes auszudenken
Tolle Sachen, die geschehn
Denn Gedanken kann man lenken
Es ist schön, zu Bett zu gehn
Es ist schön, zu Bett zu gehn.

Es ist schön, zu Bett zu gehn
Sanft sich in den Schlaf zu wiegen
Und sich vorzustelln zu fliegen
Über Städte, Berge, Seen
Abenteuer zu erleben
Heldentaten zu bestehn
In den Traum hineinzuschweben
Es ist schön, zu Bett zu gehn
Es ist schön, zu Bett zu gehen.

ICH TRÄUM SO GERN

Ich träum so gern
Ich träum so gern
Wer träumt der hat es gut
Ich fliege in der Welt herum
Und spuck euch auf den Hut

Ich träum ich bin ein Superstar
Ich sing und spiel Klavier
Und manchmal träume ich sogar
Ein bisschen - von dir

Bald bin ich groß und reich und cool
Und aus der Schule raus
Und wenn ich davon träume
Probier ich 's schon mal aus

Ich träum so gern
Ich träum so gern
Denn Träume machen fit
Und wenn du was erleben willst
Träum einfach mit mir mit

DER DIE DAS

Der, die, das
Wer, wie, was
Wieso weshalb warum?
Wer nicht fragt bleibt dumm

Der, die, das
Wer, wie, was
Wieso, weshalb, warum?
Wer nicht fragt bleibt dumm

> 1000 tolle Sachen
> Die gibt es überall zu sehn
> Manchmal muss man fragen
> Um sie zu verstehn

Der, die, das
Wer, wie, was
Wieso weshalb warum?
Wer nicht fragt bleibt dumm

6 TRAU DICH

TRAU DICH

Trau dich! Trau dich
Auch wenn es daneben geht
Trau dich! Trau dich
Es ist nie zu spät
Wer 's nicht selber ausprobiert
Der wird leichter angeschmiert
Trau dich! Trau dich
Dann hast du was kapiert

Trau dich! Trau dich
Auch wenn du erst fünfe bist
Trau dich! Trau dich
Auch Große machen Mist
Glaub' nicht alles, was du hörst
Wenn du sie mit Fragen störst
Trau dich! Trau dich
Bis du was erfährst

Trau dich! Trau dich
Andern geht 's genauso schlecht
Trau dich! Trau dich
Kämpft um euer Recht
Tretet für einander ein
Dann könnt ihr bald viele sein
Trau dich! Trau dich
Du bist nicht allein

GARTENLIED

Ich will einen Garten
Leider hab ich keinen
Andre Leute haben ein '
Lassen keine Kinder rein
Wie gemein, wie gemein
Wie gemein!

In den großen Gärten
Spielen keine Kinder
Einsam liegen sie und stumm
Sinnlos in der Welt herum
O wie dumm, o wie dumm
O wie dumm!

Eines schönen Tages
Reißen wir die Zäune
Von den großen Gärten ein
Lassen alle Kinder rein
Das wird fein, das wird fein
Das wird fein!

MEINS ODER DEINS

Gib mir mal dein Fahrrad!
– Nein das ist meins!
Du brauchst es doch jetzt gar nicht!
– Trotzdem ist es meins!
Ich weiß doch, du brauchst es nicht!
Warum gibst du 's mir trotzdem nicht?
– Weil es eben meins ist, meins, meins, meins!
Weil es eben seins ist, seins,seins, seins!

Meins oder deins? So geht es alle Tage!
Meins oder deins? Was für ne doofe Frage!
Was müssen wir uns keilen?
Wir könnten doch auch teilen,
Das jeder immer das bekommt, was er gerade
braucht!

Darf ich in Ihr Haus rein?
– Nein das ist meins!
Es wohnt doch keiner drinne!
– Trotzdem ist es meins!
Wir stör 'n doch keinen hier im Haus!
Warum muss ich dann trotzdem raus?
Weil es eben meins ist, meins, meins meins!
Weil es eben seins ist, seins,seins, seins!

Meins oder deins? So geht es alle Tage!
Meins oder deins? Was für ne doofe Frage!

Gibste mir dein Fahrrad?
– Bitte, ist doch klar!
Ich brauch ' es auch nicht lange!
– Frag' nicht lang und fahr '!
Wäre das nicht fabelhaft:
Mein und dein wird abgeschafft?
Dann kriegt jeder immer alles, wenn er's braucht!
Dann kriegt jeder immer alles, wenn er's braucht!

HALS ÜBER KOPF

O Schreck o Schreck
Das Kind ist weg
Das Kind hat sich versteckt
Was hat es nur
Was hat es nur
Schon wieder ausgeheckt?

O Schreck o Schreck
Das Kind ist weg
Die Leute sind empört
Grad war es dort
Jetzt isses fort
Das ist doch unerhört!

    So 'ne doofe
    Katastrophe
      – Angeschmiert!
      – Nix passiert!

    Unerhört!
      – Umgekehrt!
    Ausgebüchst!
      – Ausgetrickst!

    Hals über Kopf
    Über Stock und Stein
    Auf und davon
    Was fällt euch ein?

    Rauf und runter
    Kreuz und quer
    Drüber und drunter
    Und hinterher!

    Holterdipolter
    Raus und rein
    Hals über Kopf
    In die Welt hinein

WER SAGT, DASS MÄDCHEN DÜMMER SIND

Wer sagt, dass Mädchen dümmer sind
Wer sagt, dass Mädchen immer albern sind
Wer sagt, dass Mädchen schüchtern sind
Der spinnt, der spinnt, der spinnt

Wer sagt, die Mädchen trau 'n sich nicht
Wer sagt, sie seien immer weinerlich
Und meckerig und zappelig
Der hat 'n Stich 'n Stich, 'n Stich

    Mädchen sind genau so schlau wie Jungen
    Mädchen sind genau so frech und schnell
    Mädchen haben soviel Mut wie Jungen
    Mädchen haben auch ein dickes Fell

Wer sagt, dass Mädchen schwächer sind
Wer sagt, dass Mädchen immer zickig sind
Wer sagt, dass Mädchen affig sind
Der spinnt. der spinnt. der spinnt

Wer sagt, die Mädchen fürchten sich
Und petzen und sind immer zimperlich
Sind also blöd und hinderlich
Der hat 'n Stich, 'n Stich, 'n Stich

    Mädchen sind genau so schlau wie Jungen
    Mädchen sind genau so frech und schnell
    Mädchen haben soviel Mut wie Jungen
    Mädchen haben auch ein dickes Fell

OTTOKAR HAT SEGELOHREN

Ottokar hat Segelohren, hey die steh 'n im Wind
Annika hat Sommersprossen, schau wie viel das sind
Klaus hat eine Hakennase riesig im Gesicht
Und Lisas Zähne sind ganz schief, das siehste, wenn sie spricht

>Na und? Na und? Die Welt ist eben bunt
>Jeder Mensch sieht anders aus, da mach dir ja nichts draus
>Es kommt nur darauf an, dass man entdeckt,
>Was in ihm steckt

Segelohren-Ottokar ist ein ganz dufter Freund
Sommersprossen-Annika ist lustig wie mir scheint
Hakennasen-Klaus nimmt sieben Stufen mit 'nem Satz
Und Lisa mit dem schiefen Zahn, die klettert wie 'ne Katz

Mai, die lacht, dass jeder mitlacht, hat 'nen Silberblick
Max, der jede Demo mitmacht, ist gewaltig dick
Und Fritz, der schlauste von uns allen, sieht wie 'n Uhu aus
Und Elke, die sich alles traut, ist winzig wie 'ne Maus

Einer hat ganz krumme Beine, einer Falten, einer keine
Einem fall 'n die Haare aus, einer sieht wie 'n Dackel aus
Einer ist voll Leberflecken - immer gibt 's was zu entdecken
Einer ist ganz lang und dünn, einer hat ein Doppelkinn

>Na und? Na und? Die Welt ist eben bunt
>Jeder Mensch sieht anders aus, da mach dir ja nichts draus
>Es kommt nur darauf an, dass man entdeckt,
>Was in ihm steckt

>Na und? Na und? Die Welt ist eben bunt
>Jeder Mensch sieht anders aus, da mach dir ja nichts draus
>Es kommt nur darauf an, dass man entdeckt,
>Was in ihm steckt

MANCHE VON UNS

Manche von uns fahren Rollstuhl
Manche von uns gehn auf Krücken
Manche haben steife Hände
Manche einen krummen Rücken

Manche gucken komisch oder ducken sich komisch
Oder schlucken komisch oder zucken ganz komisch
Manche hinken komisch oder winken komisch
Oder reden oder essen oder trinken komisch

Manche von uns wirken fröhlich
Manche andere sehr sehr ernst
Doch du wirst nichts dabei finden
Wenn du uns erst kennenlernst

Manche zittern alle Glieder
Manche lachen schrecklich laut
Doch lernst du uns erstmal kennen
Sind wir dir sehr schnell vertraut

Wie ein Baum an Blättern reich ist
Und kein Baum dem andern gleich ist
Sind wir hunderte Millionen ganz verschiedene
Menschen – wie du!

WENN ICH HEIMKOMM

Wenn ich heimkomm
Und der Papa brüllt: Hol mir die Pantoffeln rein
Sag ich nein
Und wenn die Mami schimpft
Du musst Pappi stets gehorsam sein
Sag ich nein
Keinen Finger mach ich mehr krumm
Wenn man mir nicht sagt warum
Eines Tags
Sehn sie 's ein
Das wird fein

Wenn ich groß bin
Will ich etwas werden und nicht nur Hausfrau sein
Das wird schön
Dann darf keiner
Einem was befehlen und keiner um sich schrein
Das wird fein
Keiner bildet sich ein
Mehr wert als ein andrer zu sein
Dazu brauchts
Etwas Grips
Weiter nix

DOOF GEBOR 'N IS KEINER

Erika ist mies und fad
Doch Pappi ist Regierungsrat
Drum macht sie ganz bestimmt das Abitur
Peter ist gescheit und schlau
Doch sein Vati ist beim Bau
Drum geht er bis zur neunten Klasse nur

> Doof gebor'n ist keiner
> Doof wird man gemacht
> Und wer behauptet: doof bleibt doof
> Der hat nicht nachgedacht
> Doof gebor'n ist keiner
> Doof wird man gemacht
> Und wer behauptet: doof bleibt doof
> Vor dem nehmt euch in Acht

Einigen hilft alle Welt
Doch den meisten fehlt das Geld
Die müssen dauernd kämpfen um ihr Recht
Darum Kinder aufgepasst
Dass ihr euch nichts gefallen lasst
Denn keiner ist von ganz alleine schlecht

> Doof gebor'n ist keiner
> Doof wird man gemacht
> Und wer behauptet: doof bleibt doof
> Der hat nicht nachgedacht
> Doof gebor'n ist keiner
> Doof wird man gemacht
> Und wer behauptet: doof bleibt doof
> Vor dem nehmt euch in Acht

NICHTS MUSS BLEIBEN WIE ES IST

Einer wird ins Geld hinein geboren
Einer kennt nur seinen Hinterhof
Einer scheint von Anfang an verloren
Einer schwimmt im Reichtum und verdient sich dick und doof

> Dass ihr 's wisst
> Nichts muss bleiben wie es ist
> Ganz egal woran du bist
> Nichts muss bleiben wie es ist

Träumt ihr nur in den Tag hinein
Werdet ihr stets die Betrogenen sein
Darum Kinder aufgewacht
Und erkennt, was man mit euch macht

> Das tut gut
> Wenn man sich zusammen tut
> Wehe dem, der das vergisst
> Nichts muss bleiben wie es ist

All die Märchen die man uns verspricht
Das sind unsere Träume nicht
Diese Welt ist veränderbar
Das ist unser Traum und der ist wahr

> Das ihr 's wisst
> Nichts muss bleiben wie es ist
> Ganz egal woran du bist
> Nichts muss bleiben wie es ist

> Das tut gut
> Wenn man sich zusammen tut
> Wehe dem der das vergisst
> Nichts muss bleiben wie es ist

7 EIN KURZES LEBEN LANG

WARTEN

Die Tür schnappt zu
Der Zug fährt ab
Zurückbleiben
Mal wieder zu knapp
Es war immer so
Zurückbleiben
Und warten

Die Schaukel auf 'm Hof
Das Karussell
Zurückbleiben
Ich kann nicht so schnell
Es war immer so
Zurückbleiben
Und warten

Die Wohnung mit Balkon
Die Frau fürs Leben
Der echt gute Job
Schon vergeben schon vergeben
Zurückbleiben
Es ist immer zu knapp
Die Tür schlägt zu
Der Zug fährt ab
Ich hab die Regeln
Längst kapiert
Zurückbleiben
Und warten

Warten – auf den nächsten vollen Zug
Warten – auf den nächsten kleinen Schluck
Warten – auf die Säcke im Betrieb
Auf ein Leben, leer wie ein zerrissenes Sieb
Warten – dass dieser Tag vorbeigeht
Warten – dass meine Pumpe durchdreht
Warten – auf den letzten großen Knall
Auf Rheuma, Krebs, Gehirnzerfall

Warten – auf was denn schon
Warten auf irgendeine Explosion
Warten im versyphten U-Bahn-Schacht
Während draußen supergeil die Sonne lacht
Warten – dass dieser Tag vorbeigeht
Warten – dass meine Pumpe durchdreht
Warten – auf den letzten großen Knall
Auf Rheuma, Krebs, Gehirnzerfall
Warten

HELP ME

Schon als kleiner Kacki
Fühlste dich wie'n Knacki
Voll Wut und Blues und Zittern
Im Ställchen hinter Gittern
Help me I 'm in jail jail jail jail jail

Duster wird das Leben
Nach 'm Zuckertütenkleben
Der Kopp ist eine Delle
Bei 38 Schülern uff Zelle
Help me I 'm in jail jail jail jail jail

Nach neun Jahr 'n denken alle
Nun öffnet sich die Falle
Stattdessen geht die Reise
Wie im Knast auf 'm Hof im Kreise
Help me I 'm in jail jail jail jail jail

Auf 'm Bauche musste robben
Denn dürfste vielleicht jobben
Danach setzte Dir in die Nesseln
Und steckst in Ehefesseln
Help me I 'm in jail jail jail jail jail

Für vierzig Jahre schuften
Und dann mit Krebs verduften
Ist mir mein Fell zu schade
Drum sag ich Euch: Jetzt grade!
Wir hau'n unsern jail kaputt
Wir hau'n unsern jail kaputt
Wir hau'n unsern jail kaputt!!!

DIE FREIHEIT
(1966)

Die Freiheit ist das Schönste auf der Erden
Sie muss behütet und verteidigt werden
Drum braucht sie viel Patronen
Und Panzer und Kanonen

Die Freiheit ist die Freundin reicher Leute
Sie hängen an ihr mit besondrer Freude
Sie stoßen sich an ihr gesund
Und dabei kommt sie auf den Hund

Die Freiheit lässt ein buntes Fähnchen wehen
Mit Sternen und mit Streifen wohl versehen
Erblickt ihr so ein Ding im Land
Dann nehmt die Beine in die Hand

Die Freiheit trägt die schönsten Anziehsachen
Fährt große Autos und kann alles machen
Drum sorgt euch nicht solang ihr seht
Wie gut es unserer Freiheit geht

Die Freiheit ist das Schönste auf der Erden
Sie muss behütet und verteidigt werden
Woran es höchstwahrscheinlich liegt
Dass man sie nie zu fassen kriegt

BERGAB GEHT'S LEICHTER

Die Leute, die bei uns immer oben sind
Quatschen alle unentwegt
Von Wachstum ohne Ende
Und dass es ewig weiter aufwärts geht
Jedes Kind weiß : das ist Lüge
Das kann überhaupt nicht gehn
Nur Erwachsene glauben immer noch dran
Die sind doch alle schizophren

Es geht schon lange nicht mehr aufwärts
Wir sind längst schon übern Berg
Es geht voll bergab für immer
Nur lange hat das keiner gemerkt
Doch wenn der erste Schock vorbei ist
Und du fängst an, deinen Grips zu sortiern
Weißt du plötzlich hundertprozentig
Dir konnte gar nichts Besseres passiern

> Bergab geht's leichter
> Je weniger du hast
> Umso leichter
> Wirf von dir deine Last
> Bergab geht's leichter
> Der ganze Stress ist futsch
> Guten Rutsch!

> Bergab geht's leichter
> Wirf dich einfach in den Wind
> Richtung unten
> Wo die andern alle sind
> Bergab geht's leichter
> Lass die Leinen los und lauf
> Wir sind da und fangen dich auf

Nie mehr höher weiter besser
Nie mehr Schwein sein bis aufs Messer
Nie mehr um die Wette ächzen
Nach dem kleinsten Vorsprung lechzen
Niemals mehr den Arsch aufreißen
Nie mehr in die Hose scheißen
Nie mehr gegen Wände prallen
Und ins Bodenlose fallen

Bergab geht's leichter
Je weniger du hast
Umso leichter
Wirf von dir deine Last
Bergab geht's leichter
Der ganze Stress ist futsch
Guten Rutsch!

DIE WIRTSCHAFT
(1970)

Jaa
Die Wirtschaft ist unendlich kompliziert
Daa-
her kommt es auch, dass keiner sie kapiert
Schaut sie nur an!
Spürt ihren Puls, ihr heißes Atmen!
Lauscht ihrem wundersamen freien Spiel der Kräfte!
Sie schenkt uns Freiheit
Sie gibt uns Leben
Sie ist der Träger und die Seele der Gesellschaft
In der jeder seine Chance hat!

Jaa
Die Wirtschaft ist unendlich kompliziert
Daa-
her kommt es auch, dass keiner sie kapiert

Schaut sie nur an!
Die starken Männer der Konzerne!
Die raue Schale und das heiße Herz der Aufsichtsräte!
Gelassen lächelnd
Und unerschütterlich
Ertragen aufrecht sie für uns die Last der schrecklichen
Verantwortung
Die ich dem schlimmsten Arbeiter nicht wünschen möchte

Und reichen dennoch ihre segensreichen Hände
In deren jeder sie vieltausend feinster Fäden halten
Reichen sie jenen hin
Die frei und sorglos sind
Und jede Woche fetten Lohn nach Hause tragen

Und wollen Partnerschaft
Und wollen menschlich sein
Jedoch die Arbeitnehmer denken nur an sich
Gefährden mutwillig die feingesponnene so schwer
gewonnene Stabilität
Und wundern sich dann, wenn es abwärts geht

Jaa
die Wirtschaft ist unendlich kompliziert
Daa-
rum überlasst sie dem mal, der sie führt!

DIE NATUR

O herrliche Natur
Wo 's allerorten fleucht und kreucht
Und zeucht und keucht und scheucht und deucht
O meiner Seele Kur
O ewige Natur

    Wo die Dämm 'rung graut
    Und die Meise blaut
    Wo die Drohne dröhnt
    Und das Liebchen stöhnt
    Wo der Reizker reizt
    Und die Kreuzotter kreuzt
    Und die Ameise beißt
    Und die Schmeißfliege schmeißt

    Wo das Knäblein bricht
    Und das Röslein sticht
    Wo der Wagen rollt
    Und die Tollkirsche tollt
    Wo die Seele erglüht
    Wo die Stilblüte blüht
    Wo der Urkreis sich schließt
    Und die Bundeswehr schießt

O friedliche Natur
Wo 's immerwährend zirpt und knirpt
Verdirbt und schnirpt und wirbt und stirbt
O Wiesen, Wald und Flur
O strahlende Natur

Wo die Sehnsucht schwillt
Wo die Träne quillt
Wo die Muse küsst
Und die Nelke pisst
Wo die Rebe scheut
Und die Schrecke heut
Wo der Rohrspatz schimpft
Und das Bäuerlein impft

Wo der Apfel noch fällt
Die Libelle noch bellt
Wo das Bienlein schwärmt
Und die Autobahn lärmt
Wo die Garbe gerbt
Wo der Kerbel kerbt
Wo das Schwälblein schwebt
Und der Uhu klebt

O wonnige Natur
O ewige Natur
So duftig frisch, so rein und hell / Wie Ariel, Lux, Lenor und Vernell

DER BLINDE

All die ganzen Jahre
Die ich S-Bahn fahre
Höre ich sie tönen
Meckern, sabbern, stöhnen
Ich seh' sie alle vor mir stehn
Ich kann in ihre Herzen seh'n
Die sich mit Steinen füll'n
Und sage mir im Still'n:

Ihr wart doch alle mal kleine Kinder
Ihr werdet alle krumm und alt
Ihr wollt doch alle nur, dass man euch liebt
Und dass es einen Himmel gibt

Starlets und Proleten
Höre ich trompeten
Klofrau'n und Sadisten
Freaks und Polizisten
Schlechtgelaunte Stinker
Hasserfüllte Trinker
Und immer denk ich: Menschenskind
Was bist du nur so blind

Wir waren alle mal kleine Kinder
Wir werden alle krumm und alt
Wir wollen alle nur, dass man uns liebt
Und dass es einen Himmel gibt

EIN KURZES LEBEN LANG

Wir finden uns ganz groß, doch meistens ganz schön klein
Verzweifelt, doch nie hoffnungslos, geliebt und doch allein
Enttäuscht und unverstanden, verletzt und stumm vor Wut
Und manchmal macht ein kleines Lächeln alles wieder gut

Wir haben so viel vor, nur leider keine Zeit
Wir hau 'n uns selber übers Ohr und tun uns dabei leid
Wir denken an den Aufstieg beim Sonnenuntergang
Und planen für die Ewigkeit – ein kurzes Leben lang

Wir schaukeln uns durchs Leben, mal sachte, mal verschärft
Vor 'm Ziel – und schon daneben, verliebt – und schon genervt
Das Schicksal dieser Erde, der Menschen Wohl und Weh
Sind lange nicht so wichtig wie der Krampf in meinem Zeh

Wir woll 'n uns nicht beschwindeln und suchen Stück für Stück
Durch Abgas, Frust und Windeln den Traum vom großen Glück
Und ist die Ehe mühevoll wie ein Behördengang:
Ich sag', dass ich dich liebe – ein kurzes Leben lang

Du träumst vom großen Leben und fragst nach seinem Sinn
Das Fragen wird sich geben, steckst du erst mittendrin
Erst spät, wenn du am Rande stehst, erkennst du nebenbei:
Wenn unser Leben köstlich war, war 's Stress und Plackerei

Noch raucht der Schornstein friedlich, wir geben kräftig Gas
Und machen 's uns gemütlich auf einem Pulverfass
Wir fürchten keinen Weltkrieg, doch ein Schnupfen macht uns bang
So dreht die Welt sich nur um uns – ein kurzes Leben lang

LASS UNS BADEN GEHN

Hinter Bauruinen
Schielt Sonnenlicht
Schimmelpilze grünen
Kastanien nicht
Straßen sind vergammelt
Die Zukunft ist verrammelt
Doch das Wetter, das ist schön
Lass uns baden gehn

Über Parks und Platten
Liegt Moderduft
Helden die wir hatten
Fahr'n in die Gruft
Russen spielen Geige
Der Tag geht bald zur Neige
Doch das Wetter ist noch schön
Lass uns baden gehn

In Menschenmengen zwängen
In 'ner Schlange stehn
Uns auf engen Hängen drängen
Und den Himmel sehn

Lass uns baden gehn
Leise rülpst das Abflussrohr
Unsre Runden drehn
Und dann singen wir im Chor:
Das Leben ist schön ...

Kinderzeit-Gespenster
Gehn um im Haus
Armut schaut durch 's Fenster
Sieht scheiße aus
Fliegen spielen Fangen
Drei Euro müssen langen
Um den Tag zu überstehn
Trotzdem – Lass uns baden gehn

Quellenverzeichnis

1 SOMMER IN DER STADT

SECHS UHR VIERZEHN BAHNHOF ZOO
  Aus: Linie 1, GRIPS Theater 1986
  Vertont von George Kranz/Matthias Witting

SOMMER IN DER STADT
  Aus: Baden gehn, GRIPS Theater 2003
  Vertont von Thomas Zaufke

BREITSCHEIDPLATZ
  Aus: Melodys Ring, GRIPS Theater 2000

WESTBERLIN-LIED
  Aus: Linie 1, GRIPS Theater 1986
  Ko-Autor Christian Kunert

FAHR MAL WIEDER U-BAHN
  Aus: Linie 1, GRIPS Theater 1986

BERLIN GEHT BADEN
  Aus: Baden gehn, GRIPS Theater 2003
  Vertont von Thomas Zaufke

CAFÉ MITTE
  Aus: Café Mitte, GRIPS Theater 1997
  Vertont von Stanley Walden

KOMM INS GRIPS THEATER
  Aus der Jubiläumsrevue „50 Jahre GRIPS" 2019
  Vertont von Caspar Hachfeld /Thilo Brand

ES IST HERRLICH ZU LEBEN
  Aus: Linie 1, GRIPS Theater 1986

SOMMERNACHT
  Aus: Linie 2 – der Alptraum, GRIPS Theater 2009
  Vertont von George Kranz / Micha Brandt

2 ICH BIN EIN BERLINER

WIR MAUERBLÜMCHEN
  Aus dem gleichnamigen Kabarettprogramm der „bedienten" 1962
  Musik: Beethoven 7.Sinfonie 2.Satz

GEGENÜBER
  Aus: Linie 1, GRIPS Theater 1986

WILMERSDORFER WITWEN
  Aus: Linie 1, GRIPS Theater 1986

DER PLAKATKLEBER
Aus: Nashörner schießen nicht, GRIPS Theater 1974

DER BADEMEISTER
Aus: Baden gehn, GRIPS Theater 2003
Vertont von Bettina Koch/Thomas Stiehler

DER FERNFAHRER
Aus der Sendung „Holder Tritt aufs Gaspedal",
Hessischer Rundfunk 1966

POLITIKER JAMMERN
Aus: Die Moskitos sind da, GRIPS Theater 1994

HALLO TRETMANN
Aus dem Kabarettprogramm „Ex und hopp", Reichskabarett Berlin 1971
Vertont von Horst-A. Haß

DER AGENT
Aus: Der letzte Wähler (Detlef Michel), Theater Heidelberg 1989
Vertont von Biber Gallatz

GEGENÜBER
Aus: Linie 1, GRIPS Theater 1986

DER RENTNERHASSER-SONG
Aus: Baden gehn, GRIPS Theater 2003
Vertont von George Kranz/Micha Brandt

ICH BIN EIN BERLINER
Aus: Melodys Ring, GRIPS Theater 2000

WILLKOMMEN ALIENS
Aus: Café Mitte, GRIPS Theater 1997
Vertont von Stanley Walden

3 DIE SCHÖNSTE ZEIT IM LEBEN

KALLE KOWALEWSKI
Aus: Das hältste ja im Kopf nicht aus, GRIPS Theater 1975

ICH HAU ZURÜCK
Aus: Das hältste ja im Kopf nicht aus, GRIPS Theater 1975

DIE SCHÖNSTE ZEIT IM LEBEN
Aus: Die schönste Zeit im Leben, GRIPS Theater 1978

BLEIB BEI DIR
Aus: Die schönste Zeit im Leben, GRIPS Theater 1978

HUNDERTTAUSEND RATTENLÖCHER
Aus: Café Mitte, GRIPS Theater 1997
Vertont von Stanley Walden

MAMA!
Aus: Melodys Ring, GRIPS Theater 1994

OHNE LULLEN SIND WIR NULLEN
Aus: Alles Plastik, GRIPS Theater 1981

ICH MÖCHTE EIN WAL SEIN
Aus: Die Moskitos sind da, GRIPS Theater 1994

DICKE FETTE LIEBE
Aus: Linie 1, GRIPS Theater 1986

DER ANMACHER
Aus: Linie 1. GRIPS Theater 1986
Vertont von Birger Heymann/George Kranz

ICH HÄTT'SO GERN 'NEN HIT
Aus: Werner Müllers Schlagermagazin, NDR 1962
Vertont von Günter Noris

DU ALLEIN
Aus: Pierre und Madeleine, WDR 1966
Vertont von Günter Noris

DUETT
Aus: Linie 1, GRIPS Theater 1986

4 MEINE SEELE HAT EIN LOCH

TAG ICH HASSE DICH
Aus: Linie 1, GRIPS Theater 1986

BERLIN IST EISEN
Aus: Café Mitte, GRIPS Theater 1997
Vertont von Stanley Walden

HERZ WAS WILLST DU MEHR
Aus: Die schönste Zeit im Leben, GRIPS Theater 1986

UNBEKANNTES MÄDCHEN
Aus: Linie 1, GRIPS Theater 1986

COOL SEIN
Aus: Baden gehn, GRIPS Theater 1986
Vertont von Bettina Koch/Thomas Stiehler

WENN MICH MEIN VATER SUCHEN TÄT
Aus: Café Mitte, GRIPS Theater 1997
Vertont von Micha Brandt/George Kranz

GIB MIR EIN ZEICHEN
    Aus: Alles Plastik, GRIPS Theater 1981

MEINE ELTERN SIND GESCHIEDEN
    Aus: VaterMutterKind, GRIPS Theater 1977

MEINE SEELE HAT EIN LOCH
    Aus: Die Moskitos sind da, GRIPS Theater 1994

HEY DU (MARIAS LIED)
    Aus: Linie 1, GRIPS Theater 1986
    Gecovert von den Beatsteaks und Sido

5 WIR WERDEN IMMER GRÖSSER

WIR WERDEN IMMER GRÖSSER
    Aus: Ruhe im Karton, GRIPS Theater 1973

MATTSCHEIBEN-MILLI
    Aus der Fernsehserie Sesamstraße, NDR 1977
    Später in Max und Milli, GRIPS Theater 1978

MANCHMAL HAB ICH WUT
    Aus: VaterMutterKind, GRIPS Theater 1977

KLEINER BAUM
    Aus: Dicke Luft, GRIPS Theater 1982

HIMMEL ERDE LUFT UND MEER
    Aus: Wasser im Eimer, GRIPS Theater 1977

WIR SIND KINDER EINER ERDE
    Aus: Ein Fest bei Papadakis, GRIPS Theater 1973

ES IST SCHÖN ZU BETT ZU GEHN
    Aus der Fernsehserie Sesamstraße, NDR 1977
    Später in Max und Milli, GRIPS Theater 1978

ICH TRÄUM SO GERN
    Aus: Die fabelhaften Millibillies, GRIPS Theater 2011

DER DIE DAS
    Erkennungssong der Fernsehserie Sesamstraße, NDR 1972
    Ko-Autoren: Arbeitsgruppe Sesamstraße
    Vertont von Ingfried Hoffmann

6 TRAU DICH

TRAU DICH
Aus: Mensch Mädchen, GRIPS Theater 1975

GARTENLIED
Aus: Mugnog-Kinder, Theater für Kinder im Reichskabarett 1970

MEINS ODER DEINS
Aus: Balle Malle Hupe und Artur,
Theater für Kinder im Reichskabarett 1971

HALS ÜBER KOPF
Titelsong der gleichnamigen Fernsehserie, ZDF 1987-91
Vertont von Jens-Peter Ostendorf

WER SAGT, DASS MÄDCHEN DÜMMER SIND
Aus: Balle Malle Hupe und Artur
Theater für Kinder im Reichskabarett 1973

OTTOKAR HAT SEGELOHREN
Aus der Fernsehserie Sesamstraße, NDR 1976

MANCHE VON UNS
Aus: Stärker als Supermann, GRIPS Theater 1980
Ko-Autor Roy Kift

WENN ICH HEIMKOMM
Aus: Mannomann! GRIPS Theater 1972

DOOF GEBOR'N IST KEINER
Aus: „Doof bleibt doof", GRIPS Theater 1973

NICHTS MUSS BLEIBEN WIE ES IST
Aus: Nashörner schießen nicht, GRIPS Theater 1974

7 EIN KURZES LEBEN LANG

WARTEN
Aus: Linie 1, GRIPS Theater 1986

HELP ME
Aus: Die schönste Zeit im Leben, GRIPS Theater 1978

DIE FREIHEIT
Aus dem Kabarettprogramm „Bombenstimmung",
Reichskabarett 1966. Ko-Autor Frank-Patrick Steckel

BERGAB GEHT'S LEICHTER
Aus: Baden gehn, GRIPS Theater 2003
Vertont von George Kranz

DIE WIRTSCHAFT
Aus dem Programm „Ex und hopp", Reichskabarett 1971
Vertont von Horst-A. Haß

DIE NATUR
Aus: Der letzte Wähler, Theater Heidelberg 1989
Vertont von Biber Gallatz

DER BLINDE
Aus: Melodys Ring, GRIPS Theater 2000

EIN KURZES LEBEN LANG
Titelsong der gleichnamigen Fernsehserie, ARD 1982/83
Vertont von Birger Heymann, neu 2016 von Klaus Wüsthoff

LASS UNS BADEN GEHN
Aus: Baden gehn, GRIPS Theater 2003
Vertont von Thomas Zaufke

Wenn nicht anders angegeben, wurden die Lieder
von Birger Heymann vertont.